요즘 엄마들

요즘 엄마들

이고은 글 · 백두리 그림

alma

이 책을 세상의 모든 엄마들,
그리고 엄마가 아닌 모든 이들에게 바칩니다.

머리말

한국사회에서 '엄마 노릇' 하며 살아간다는 것

〰〰〰〰〰

고백부터 해야겠다. 이 책에는 대단히 특별한 이야기가 없다. 나는 대한민국의 수많은 엄마들 가운데 한 사람일 뿐이며, 이 책은 그저 평범한 엄마로서의 기록이다. 나보다 영유아의 발달이나 교육과 관련한 지식과 정보가 풍부한 전문가도 많을 것이고, 나보다 육아 경험이 많아 더 다양한 이야깃거리를 가진 선배 엄마들도 많을 것이다. 때문에 솔직히 책을 소개하면서 다소 면구스러운 마음도 든다. 혹시 아이를 키우는 데 필요한 실속 있고 명쾌한 정보를 얻고자 하는 독자라면 이 책이 그런 용도로는 크게 쓸모가 없을 수 있음을 미리 밝혀둔다.

그러나 특별할 게 없는 이 책을 굳이 쓰기로 마음먹은 이유는 있다. 아이를 낳고 키우면서 내 인생이 안팎으로 완벽히 달라졌기 때문이다. 물론 그 변화란 부모가 된 한 인간으로서 느끼는 내재적인 요인에서 오는 것이기도 했지만, 나를 둘러싸고 있는 한국사회의 불안한 환경과 비상식적인 문화가 만들어내는 부분이 크다는 것을 절감했다.

때문에 나는 2016년 대한민국에서 아이를 키우며 살아가는 엄마들에게 주어진 오늘의 현실을 기록하는 것이 충분히 가치가 있는 일이라는 생각을 했다. 모두가 알고 있고 경험하고 있지만 특별할 게 없다고 여기는, 사실은 아주 중요한 일들에 대해서 말이다. 여기에 엄마 혹은 아빠로서 아이를 키우며 살아가기에 너무나 힘겨운 우리 사회, 이 시대에 대해 공감하는 이들이 점점 더 많아지고 있다는 사실도 나의 용기를 북돋았다.

엄마가 되기 전에는 여성으로서의 내 성역할과 정체성을 명확히 자각하지 못했다. 아니 그럴 필요가 별로 없었다. 1981년생으로서 이른바 밀레니얼 세대의 맏이 격인 나는 알파걸이 주목받기 시작하던 시점에 학창시절을 보냈다. 나를 포함한 나의 여자 선·후배 및 친구들은 어른이 되면 우리의 엄마 세대와는 달리 멋진 '커리어 우먼'이 되어 성공한 인생을 살 수 있을 것이란 기대와 꿈을 갖고 살았다. 열심히 공부해서 좋은 대학에 진학하려고 노력했고, 학교에서 리더로 활약하거나 과외 활동도 하면서 사회성도 꾸준히 키웠다.

대학을 졸업하고 직장 생활을 시작해서도 노력은 이어졌다. 여자라고 특별한 배려를 받아야 할 이유를 찾지 않으며 최선을 다했고, 성별을 떠나서 개인의 성취에 따라 사회로부터 공정하게 인정받고자 애썼다. 그것이 어느 정도는 가능했다. 적어도 결혼하고 아이를 낳기 전까지는.

한국사회에서 출산이란 여성의 삶을 완전히 뒤바꾸어놓는 충격적인 사건이다. 나는 출산을 기점으로 세상에 노력만으로는 안 되는 일이 있다는 것을 절감하기 시작했다. 육아란 절대적으로 엄마인 나의 몫이 컸고, 아이로 인해 급작스럽게 늘어난 가사 노동량은 나를 매일같이 파김치로 만들었다. 나는 아침마다 직장으로 피신하는 꼴이 되었으며, 아이는 하루 종일 익숙한 집 대신 낯선 어린이집에서 엄마가 아닌 담임선생님과 함께 자라고 있었다. 이런 기이한 일상은 나의 의지와는 무관하게 굴러가고 있었는데, 나의 힘이나 노력으로 통제가 가능한 수준이 못 되었다.

나는 스스로에게 물었다. 내가 꿈꾸고 원하던 삶이 이렇게 사는 것이었던가? 내가 이렇게 살고 있는 것은 근본적으로 무엇 때문인가? 언제까지 이런 삶을 지속하고 살아야 하는 것일까?

분명한 것은 현재의 삶이 어린 시절부터 그려오던 내 30대의 모습과는 너무도 다르다는 사실이었다. 급작스럽게 펼쳐진 생경한 현실 앞에서 나는 인생의 목표와 방향을 잃고 우왕좌왕하기 시작했다. 당당한 커리어 우먼의 꿈은 미디어가 만들어낸 허상이었거나, 이 사회의 미래를 낙관적으로만 그렸던 아둔한 나의 희망사항이었을 뿐임을 직시하게 된 것이다. 순진하게도 나는, 일과 가정, 두 마리 토끼를 모두 잡을 수 있는 성공한 슈퍼우먼의 신화 뒤에는 다른 가족의 희생이나 든든한 경제력이라는 전제조건이 뒤따라야 한다는 냉엄한 현실을 몰랐다. 나만 열심히 한다고 해서 해결되는 그런 간단한 문제가 아니라는 사실을 말이다.

엄마로서의 삶은 미처 준비하거나 공부하지 못했던, 완전히 새로운 영역이었다. 아이는 눈 깜짝할 사이에 빠르게 자라고 있었고, 그때마다 엄마에게 주어지는 숙제는 산더미처럼 많이 쌓여갔다. 때론 그 시기에 꼭 필요한 것을 해주지 못한 채 그냥 세월만 흘러가버리기도 했다. 나는 늘 준비되지 못한 열등생 엄마로 허덕이는 기분이었다.

그런데 그게 꼭 내가 부족한 엄마이기 때문만은 아니었다. 한국 사회에서는 엄마에게 강요하거나 요구하는 불필요한 역할들이 많았다. 반면에 엄마로서 반드시 알아야 하는 일이나 꼭 갖추어야 하는 소양이나 자세에 대해서는 간과하거나 무시해버리는 경우가 많았다. 우리는 비정상적인 일들이 정상이 되는 이상한 세상 속에서 살아가고 있고, 그 자체가 우리의 '엄마 노릇'을 힘겹게 만들고 있었다.

인간이 제 자식을 낳아 기르는 가장 원초적이고 인간적인 일에 끼어드는 불청객은 자본, 소비, 경쟁 등 비인간적이고 잔인한 문명의 산물들이었다. 아이 키우는 일은 항상 끊임없이 무언가를 소비하는 일로 연결되었고, 얼마나 더 소비하느냐는 결국 내 아이의 미래를 위해 투자하는 일이면서도 타인을 배제하기 위한 경쟁으로 귀결되었다. 엄마들은 사회가 진화할수록 인간이 소외될 수밖에 없는 아이러니를 육아를 통해 적나라하게 경험하게 되는 것 같았다.

이 시대를 자조하는 용어로 등장한 '헬조선'은 주로 청년 세대에 해당되는 말로 쓰이지만, 엄마들에게도 가슴에 깊이 꽂히는 말이라는 생각이 들었다. 이 땅에서 아이를 키우는 게 지옥 같기 때문이기도 하거니와, 엄마들에게도 계급의 문제가 엄연히 존재하기 때문이다. 지난해 놀이터에서 우연히 마주친 한 할머니가 월 120만 원짜리 사립 어린이집에 손자를 보낸다며 자부심을 내비쳤던 일을 잊을 수가 없다. 그곳에 아이를 보내는 이유에 대해서는 "어릴 때부터 상위 1퍼센트 인맥을 만들어주기 위해서"라고 설명했다. 이 징그럽고 천박한 사회를 어찌 헬조선이라고 부르지 않을 수 있을까 싶다.

일하는 엄마와 전업주부 엄마(이하 전업맘) 사이를 가르는 데도 경제력이라는 계급의 문제가 상존한다. 엄마들이 아이를 낳은 후에도 일을 계속 하는 이유는 크게 두 가지다. 돈을 벌어 가정 경제에 보탬이 되기 위해서, 혹은 자신의 자아성취를 위해서다. 어떤 쪽이든 결과적으론 자신을 비롯한 남편의 연봉과 경제력이 인생의 방향을 결정짓는 주요 요소로 작용한다. 그 때문인지 일하는 엄마와 전업맘 사이에는 팽팽한 긴장감이 흐른다. 일하는 엄마는 전업맘을 '팔자 좋은' 처지라고 부러워하는 동시에 무능한 사람으로 무시하고, 전업맘은 커리어를 계속 쌓아가는 엄마를 부러워하면서도 전업맘들의 세계에서 배제하며 전업맘으로서의 특권을 누리려 한다.

하지만 어떤 이유에서건 엄마들이 모두 불안감에 시달린다는 것은 공통적이다. 전업맘은 자기 인생의 모든 것을 포기하고 제 손으로 아이를 키우고 있음에도 내 아이가 그만큼 성공한 인생을 살 수 없을까봐 전전긍긍하며 살아간다. 일하는 엄마는 아이를 제 손으로 키우지 못한다는 죄책감, 자신의 인생을 중시하다가 아이의 인생이 낙오될까 두려운 불안감에 떨어야 한다. 일하는 엄마는 거기에 더해 직장 생활에서 전력질주를 할 수 없는 현실에 무력감을 느끼고, 일과 가정 사이에서 갈팡질팡하다 어느새 스스로 중요한 업무를 거부하고 보조자 역할에 안주하고 있는 자신을 발견하게 된다.

대한민국의 엄마들이 공통적으로 경험하고 있는 엄마 노릇의 고통은 단순히 육아가 힘겹기 때문만은 아니다. N포 세대라는 말이 생길 정도로 인생의 수많은 일들을 포기하고 살아가는 지금 젊은 세대에게는, 결혼과 출산을 결심하는 것부터가 힘겹다. 엄마라는 이름을 갖게 되는 순간부터 엄마들은 차별과 배제의 틀 속에 갇히기 시작한다. 주변에서 "애국한다"는 격려를 받으며 아이를 낳아도, 막상 낳고 보면 법으로 정해진 육아휴직을 사용하는 것조차 눈치를 봐야 한다. 그러다 경력이 단절되기라도 하면 그후로 자기 인생에 남는 이름은 '누구 엄마'일 뿐, 새로운 일과 인생을 시작할 기회는 쉽사리 주어지지 않는다.

아이를 키우는 일은 더욱 징글징글하다. 경쟁이 난무하는 정글과도 같은 이 사회에서 엄마들은 갓난쟁이 때부터 소비와 사교육의 유혹에 시달리고, 아이에게는 '너의 미래를 위해서'라는 이유로 타인을 짓누르고 무조건 앞서가야 한다고 가르치며 채근해야 한다. 엄마, 아빠, 아이 할 것 없이 가족 모두 행복이 아니라 성공과 생존만을 고민하며 살아가야 하는 곳, 이런 현실이 싫어서 아예 이 땅을 등지고 떠나려는 사람이 늘고 있는 곳이 바로 한국사회다.

이 사회를 이렇게 만드는 것은 무엇일까. 이곳에서 그래도 인간답게, 엄마답게 살 수 있으려면 무엇이 필요할까. 그리고 내가 지금 할 수 있는 일은 무엇일까.

그런 물음들로부터 이 책은 시작되었다. 아이를 낳고 키우면서 경험하고 느낀 일들을 있는 그대로 기록하고, 다른 이들에게 질문을 던지는 일. 그것이 지금의 나로선 가장 잘할 수 있는, 해야 하는 일이라는 생각이 들었다. 책에 쓰인 이야기들은 나를 포함한 이 땅의 엄마들에게는 너무도 평범한 일상들이지만, 찬찬히 들여다보면 우리 사회의 문제점과 구조적 모순을 고스란히 담고 있는 여러 단면들이기도 하다.

보다 행복한 현실을 꿈꾸는 수많은 엄마, 아빠들에게 이 책이 공감과 위안을 줄 수 있으면 좋겠다는 생각을 해본다. 혼자만 힘든 것이 아니라고, 지금 이렇게 힘든 것이 내 잘못이 아니라고, 우리 스스로를 위로할 수 있기를 기도한다. 그리고 더 나은 삶을 위해 무엇이 필요한지, 당장 할 수 있는 것은 무엇인지를 고민할 수 있는 계기가 된다면 좋겠다. 그게 이 특별할 것 없는 책을 시작하게 된 이유다.

차례

1장

엄마의 발견

내 살덩이가
생명이 되어

모두들 그렇듯, 엄마가 되면 인생이 바뀐다. 이 공연한 명제를 모르는 사람은 없겠지만, 엄마가 되어보지 않으면 그 진짜 의미를 알 수는 없을 것이다. 인생이 얼마나 어떻게 바뀌는지는 '엄마'를 경험해보지 않고선 가늠하기 힘들기 때문이다. 변화의 수준은 가히 상상 이상이다.

나 역시 그랬다. 첫 아이를 낳기 전인 31년 351일간을 돌아보면 지독히 이기적으로 살았다. 이기적이라는 게 별다른 것은 아니다. 오로지 나의 꿈을 좇고 나의 미래만을 생각하느라 하루하루를 보냈다는 의미다. 때론 그것만으로 벅찰 때도 있었다. 내 몸 하나 건

사하기 힘든 세상, 엄마에게 온전히 기대어 살던 갓난아기 시절의 나처럼 누군가에게 기대고 의지하며 살고 싶기도 했다.

하지만 생후 31년 352일째가 되는 날인 2013년 6월 28일, 나는 누군가를 책임지고 보살펴야 하는 존재가 되었다. 제 몸 하나 제대로 가누지 못하고, 젖을 물려주지 않으면 생명을 유지할 수 없는 작고 약한 나의 아이가 태어났기 때문이다. 녀석에게 나란 존재는 절대적이었다. 엄마는 한순간도 아이에게 눈을 떼선 안 되었다. 나는 그날부로 급작스럽게, 평범한 인간이자 여자에서 아이를 키우는 엄마로 '모드 전환'되었다. 갓 출산한 지친 몸을 돌볼 새도 없이 말이다.

첫째 아이를 낳을 때 무척 고생을 했다. 자연주의 출산의 일종인 이른바 '감성출산'을 위해 어떤 의료적인 조치도 하지 않으려 했기 때문이다. 진행의 속도는 매우 더뎠다. 그러다 보니 도합 50시간을 진통을 했다. 나중에 알고 보니 너무 일찍 입원을 한 탓도 있었다. 하지만 첫 출산인데 뭐가 뭔지 알 턱이 없었다. 나는 서서히 짙어지는 진통을 온몸으로 고스란히 견디며 이틀 밤을 꼬박 새웠다.

사흘째 되는 날, 담당의사는 간호사를 불러 나에게 "밥을 주지 말라"고 했다. 맙소사. 청천벽력 같은 말이었다. 이는 곧 제왕절개 수술을 할 수도 있다는 뜻이다. 최악의 시나리오가 바로 진통은 진통대로 하고 결국 수술로 아이를 낳는 것이다. 그럴 수는 없었다.

결국 나는 촉진제를 맞고 인위적인 진통을 이끌어냈다. 촉진제를 맞으니 감당할 수 없는 통증이 순식간에 폭풍처럼 밀려왔다. 이전의 진통은 이에 비하면 간지럼 수준이었다. 고통으로 포효하는 짐승처럼 울며불며 남편에게 "도저히 못 하겠다"고 매달렸다. 남편 말에 따르면 중간엔 잠시 기절도 했던 것 같다.

얼마 후, 내 정신력이 승리한 것일까. 실컷 고생만 하고 수술을 할 순 없다는 생각으로 집중한 '라마즈 호흡법'의 위대함을 온몸으로 깨달으며 겨우 평안을 찾았다. 하지만 진통 막바지에 이르러서는 갈비뼈를 차는 배 속의 아이 때문에 호흡법조차 무용지물이 되었고, 거의 실신 지경에 이르렀을 때 의료진은 내게 "분만실로 가자"고 외쳤다. 그 말이 그렇게 반가울 수가 없었다.

첫째 아이가 들으면 좀 서운한 소리일는지 모르지만, 마지막 순간엔 '내 몸의 이 이물질을 어서 꺼내야 한다'는 생각마저 들었다. 막상 낳을 때는 힘을 몇 번 주지도 않았는데 아기가 쑥 나왔다. 진통이 너무 힘들었기에 출산하는 순간엔 고통이 느껴지지도 않았다.

그렇게 어렵사리 만난 첫째 아이를 품에 안는 기분은 정말로 묘

했다. 우스갯소리로 "아기가 갑자기 '뽕' 하고 나타났다"고 말하곤
했는데, 그건 진심이었다. 임신을 하고, 배가 불러오고, 진통이 오
는 신비한 몸의 변화에도 불구하고 나는 그동안 내 몸속에 진정 이
작은 생명이 자라고 있다는 것을 체감하지는 못했던 것 같다. 그
러다 보니 아기가 태어나자 순간, 갑자기 어디선가 아이가 '뽕' 하
고 튀어나온 듯한 느낌을 받았다. '어라, 정말 내 배 속에 사람이 있
었네?'라는 생각이 퍼뜩 들었다. 비로소 나의 의식 속에서, 내 몸속
살덩이가 진짜 생명이 되는 순간이었다.

반면 둘째 아이의 출산은 그렇게 수월할 수가 없었다. 이건 정말
인데, 소리도 한 번 지르지 않고 아이를 낳았다. 출산 후 남편에게
한 첫 마디는 "여보, 이 정도면 셋째도 낳겠는걸"이었다. 극과 극의
출산 경험을 한 셈이다.

첫째 아이 출산 때 지루하게 늘어졌던 진통에 대한 트라우마가
컸던지라, 새벽에 진통이 느껴졌음에도 당일에 아기를 낳을 것이
라는 생각은 못했다. 어쩌면 둘째 아이를 가진 엄마의 여유였을
까? 진통 중에도 첫째 아이를 어린이집에 맡긴 후 혼자서 주섬주
섬 출산가방을 챙겨 들고 병원으로 향했다. '이 정도면 견딜 만하
지'라는 생각으로 택시 대신 마을버스를 탔고, 걷다가 중간중간 진

통이 오면 부른 배를 잡고 잠시 앉았다 일어서서 갔다. 병원 침대에 누워 진통을 하면서도 출근한 남편에겐 "친정 엄마가 도착하실 때까지 첫째 아이와 실컷 놀아주다 오라"고 했다. 남편 역시 2박 3일간의 진통을 함께 겪었던지라 느긋한 마음이었다고 한다.

그런데 웬걸. 둘째라 그런지 듣던 대로 진행 속도가 빨라 입원한 지 4시간 만에 아기가 나왔다. 무통주사를 맞은 채여서 별로 아프지도 않았다. 남편이 도착한 후 1시간도 안 돼 둘째가 나왔는데, 남편은 첫째 때에 비하면 "장난"같다고도 했다. 그렇게 당황스럽고(?) 평화롭게, 둘째 아이도 우리에게 찾아왔다.

출산할 때에도 그렇게 다르더니, 몸의 회복 속도 역시 극과 극이었다. 첫째를 낳은 뒤엔 회음부의 상처 때문에 산후조리원을 퇴소한 후까지도 잘 걷지 못했지만, 둘째를 낳고서는 산후조리원에 들어가자마자 쌩쌩하게 다녀 "방금 애 낳은 사람 맞느냐"는 말을 들었다. 첫째 때는 휠체어에 실려 병실로 내려가선 혼자 제대로 일어서지도 못했는데, 둘째 때는 휠체어에 타고 가는 게 머쓱할 정도로 몸이 멀쩡하게 느껴졌다.

하지만 첫째나 둘째나 마찬가지인 것이 있었는데, 바로 아이를 낳은 그날 밤의 기분이다. 그 기분은 정말 이상하다. 열 달 동안 배

속을 꽉 채우고 있던 아기가 갑자기 사라지고 혼자 몸으로 누워 텅 빈 배를 만져보면 그렇게 허전할 수가 없었다. 밤에 자다가는 비어 있는 배를 보고 흠칫 놀라 깨기도 했다. 꼭 누가 아기를 훔쳐가기라도 한 것 같아서다.

그 기분은 꽤 오래갔다. 첫째 아이를 낳고 산후조리원에서는 자다가 아기가 잘 있나 걱정이 되어 새벽에 나와 신생아실을 기웃거렸다. 누군가 못된 마음을 먹고 아기를 훔쳐가기라도 한다면 충분히 그럴 수 있겠다 싶었다. 갑자기 불이 나면 어쩌나, 조리사 선생님이 분유를 먹이다 우리 아기를 떨어트리면 어쩌나…. 불안한 생

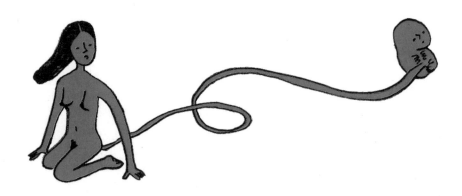

각은 밤마다 꼬리를 물고 커졌고, 그때마다 아기를 보러 나왔다.

그때의 감정을 뭐라 설명하기가 힘들다. 내 살덩이를 50미터 떨어진 곳에 떼어두고 있는 기분이라고 해야 하나. 태어나서 그렇게 불안해본 적이 없다. 세상의 모든 것으로부터 내 아기를 보호해야 한다는 본능이 가장 컸기 때문인 것 같다.

그렇게 서툴고 불안하게, 나는 두 아이의 엄마가 되었다. 엄마가 된 후에야 내가 엄마로서 준비된 것은 하나도 없다는 사실을 깨달았다. 내가 가진 것은 오직 불안함뿐이라는 사실도. 하지만 그 불안함이 이제껏 나를 엄마로 만들었다. 그렇게 내 안의 엄마를 하나씩 발견해갔다.

둘
산후조리원 살풍경

산후조리원행을 선택한 것은 불가피한 일이었다. 친정도 시댁도 모두 먼 지역에 있는 나 같은 예비 '독박육아'맘은 산후조리 단계에서부터 치밀한 계획을 세우지 않으면 안 된다. 여차하면 급히 에스오에스를 칠 수 있는 든든한 지원군이 곁에 없기 때문이다. 애를 낳는다는 것, 산후조리라는 것이 도무지 어떤 것인지 모르는 초짜 엄마이니 미리미리 빈틈 하나 없이 준비를 해둘 필요가 있다.

보통 6주로 치는 산욕기를 꽉 채워 산후조리를 도와줄 사람이 내겐 없었다. 6주 내내 친정엄마나 시어머니를 서울에 묶어둘 염치도 없었고, 난생 처음 보는 산후도우미 아주머니에게 나와 내 아이를 맡기기도 께름칙했다. 결국 내 선택은 산후조리원 2주 + 친정 엄마 2주 + 시어머니 2주라는 공평(?)한 안배로 이어졌다.

산후도우미보다 산후조리원을 고른 것은 비용 부담에도 불구하고 더욱 전문적이고 안정적인 서비스를 받을 수 있으리라는 기대감에서였다. 산후도우미는 조리원에 비해 가격은 절반 정도로 저렴하지만 집에서 조리를 하기 때문에 산모가 집안 살림으로부터 자유롭지 않고, 낯선 사람과 함께 지내야 하는 남편에게도 그다지 좋은 선택이 아닌 것 같았다. '남의 손'이라는 측면에서 보면 피차 일반일 수 있지만, 그래도 그 위험요소와 불안함을 여러 명의 전문 인력과 시스템에 분산시키는 편이 비교적 안심이 되었다고나 할까. 이건 결국 개인의 성향에 따라 선택할 수밖에 없는 일이다.

산후조리원을 가겠다고 마음먹기까지도 어려운 결정이었는데, 시설 수준이나 서비스, 가격대 등이 천차만별이어서 그중 고르는 것 역시 어려운 일이었다. 보통 2주간 지내는 산후조리원 비용은 백만 원대에서부터 많게는 천만 원대에 이른다. 그 돈에는 산모 숙식과 신생아 돌보기, 각종 시설 이용, 산모 교육 등이 포함된다. 여기에서 안 받으면 안 될 것처럼 산모를 유혹하는, 백만 원에 달하는 산후마사지 비용은 별도로 친다.

나는 2~3백만 원대에 달하는 '보통' 수준의 산후조리원도 너무 비싼 것 같아 최대한 저렴한 가격의 조리원을 선택했다. 출산 전 몇 군데를 방문해보니, 터무니없이 비싼 비용은 주로 고급스러운 시설이나 인테리어, 혹은 그 지역의 높은 부동산 가격 때문에 형성되곤 했다. 피 같은 돈을 건물 임대료 따위에 보태고 싶지 않았다. 내가 더욱 중요하게 생각한 것은 신생아를 돌보는 산후조리사 선생님들의 마인드, 산모의 회복을 돕는 데 필요한 전문성이었기 때문이다.

나름대로 심사숙고 끝에 선택한 산후조리원의 첫 인상은 충격적이었다. 산모들은 똑같은 조리원복을 입고서 퀭한 눈빛과 지친 몸으로 마치 '좀비' 떼처럼 걸어다녔다. 하나같이 젖가슴은 팅팅 불어 있고, 미처 회복되지 않은 회음부 상처나 제왕절개 수술 부위 때문에 걸음걸이는 어기적거렸다. 얼마 되지 않아 나 역시 그 좀비 무리에 합류할 수밖에 없음을 자연스럽게 깨닫게 되었지만, 처음에는 그곳이 너무도 낯설고 기이한 세계처럼 느껴졌다.

여기서 중요한 게 바로 엄마들이 입고 있는 조리원복이다. 이 옷은 주로 핑크색 아니면 꽃무늬인데, 쉽게 말해 '화사한 환자복'이라 보면 된다. 상당히 이율배반적인 모양새의 조리원복은 어쩌면

천국과 지옥을 오가는 육아의 본질을 은유적으로 표현한 일종의 상징이었는지도 모르겠다. 그 옷을 입는 순간, 엄마들은 비로소 미지의 영역이었던 '육아'의 세계에 입문하는 셈이리라.

산후조리원에서의 일상은 의외로 바쁘게 돌아갔다. 아침, 점심, 저녁 삼시세끼 외에도 사이사이 간식을 제공하는데, 하루 총 여섯 번 먹을거리가 나왔다. 두어 시간마다 무언가를 먹는 일이 이렇게 분주한 일인 줄은 미처 몰랐다. 먹는 일만으로도 정신없이 바쁜데 다른 일정들도 빡빡했다.

대부분의 산후조리원이 산모교육이란 이름으로 매일 한두 가지의 프로그램을 진행한다. 산후요가나 스트레칭 등 산모의 몸조리를 위한 프로그램도 있지만, 주로 '모유수유 코칭법'이나 '우는 아이 달래는 법' 등 육아 노하우와 관련한 주제가 많다. 혹은 산후조리원과 연계된 베이비 스튜디오에서 진행하는 무료 신생아 사진 촬영, 아기 이름을 짓기 위한 작명 강좌 등 파생 업계의 마케팅 시간도 있다. 이런 스케줄만으로도 하루 스케줄이 꽉꽉 찰 법도 하나, 산후조리원에서는 위에서 열거한 것들보다도 더욱 중요한 핵심 활동이 있다.

솔직히 이건 좀비 떼 풍경보다 더 충격적이었던 것인데, 바로 엄

마들이 수유실에 모여 서로 젖가슴을 드러내놓은 채 '모유수유'를 하는 일이다. 많은 엄마들이 이 순간을 일컬어 "젖 짜는 기계 같았다"거나 "젖소가 된 기분"이라고 표현한다. 아기들이 단체로 목욕하는 시간 직후에는 십 수 명의 엄마들이 단체로 '떼 수유'를 하는 진풍경도 연출된다. 산후조리사 선생님들은 아무 곳에서나 엄마들의 가슴을 불쑥 만져보고, 수시로 유방 마사지를 해준다. 이쯤되면 산후조리원에 입소한 엄마들의 지상 과제이자 최대 목표가 오직 '모유수유 성공'인 양 느껴진다.

　남자들이 군대에 가면 전우애를 느끼듯이, 엄마들도 모유수유를 통해 동지애가 생긴다. 처음이라면 무엇이든 서툴지 않은 것이 없겠지만, 근 30년 동안 모르고 지낸 자기 가슴의 숨겨진 '기능'을 터득해가는 과정은 특히나 고되다. 그래서인지 그 고생을 함께하는 산후조리원 동기생들 사이에는 뭔가 끈끈한 정이 싹튼다.

나는 첫째 아이가 초반부터 유두혼동이 와서 젖을 잘 물지 않은 터라 모유수유로 꽤나 고생을 했다. 평화롭고 경이롭다는 모유수유의 경험이 내겐 공포와 걱정의 시간들로 채워졌다. 수유 때마다 눈물을 흘렸고 수유시간이 돌아오는 게 두려웠다. 우연찮게도 우리 아이처럼 엄마 젖만 보면 우는 아이가 하나 더 있었는데, 나는 새벽마다 그 아이 엄마와 수유실에서 눈이 퉁퉁 부은 얼굴을 마주하곤 했다.

한번은 점심시간에 수유 때문에 마음고생이 심한 엄마들끼리 모여앉아 눈물바다를 만들기도 했다. 젖몸살이 심해 수유에 어려움을 겪던 엄마가 "힘들다"며 이야기를 나누다 밥 먹다 말고 눈물을 터뜨렸는데, 함께 앉아 밥을 먹던 엄마들이 하나둘씩 따라 울기 시작한 것이다. 아이가 젖을 잘 안 물어서, 젖이 잘 안 나와서, 유두에 상처가 나고 아파서, 엄마들은 눈물을 흘렸다. 그중 한 명이었던 나도 그 순간 어찌나 서럽고 슬펐는지 덮어놓고 대성통곡을 했다. 내 생의 최고로 낯선 경험을 하는데, 그 고민을 함께 나눌 수 있는 존재는 모두 낯선 이들이었다.

현대사회에서 산후조리원은 산모의 몸조리와 신생아 돌봄만을 책임지는 곳이 아니었다. 과거 친정엄마나 형제자매가 해주었던 산후조리를 대신함으로써 가족 대신 정서적 위로를 제공하는 공간이기도 하다. 실제로 많은 산모들이 지친 몸과 마음을 다른 산모나 산후조리사들을 통해 달래는 것을 보았다. 나 역시 모유수유 방법을 알려주던 산후조리사 앞에서 몇 번이고 눈물을 쏟았다. 남편이 곁에 있긴 했지만 같은 경험을 할 수 없는 남편으로는 채워지지 않는 정서적 갈증이 컸다. 어느 때보다 몸과 마음이 약해져 있는 때에 기댈 수 있는 곳이 고작 돈을 주고 얻은 몇 평짜리 공간과 산후조리사의 서비스뿐이라니, 그것이 설움을 조금 더 키우기도 했다.

　　오늘날 산후조리원은 육아 노하우를 가르치는 '전문 기관'으로 자리 잡았다. 어떻게 젖을 물리는지, 어떻게 기저귀를 갈아주는지, 어떻게 우는 아이를 달래는지…. 언뜻 생각하기엔 엄마라면 당연히 해야 하고 할 수 있는 일들 같지만, 그것을 자세히 가르쳐줄 사람이 곁에 없는 요즘의 초보 엄마들에게는 모든 육아법이 '전문 지식'으로 승화되어 교육의 이슈가 된다. 이 과정에서 모성은 일방적으로 학습되고 일률적으로 훈련된다. 산후조리원이 핵가족화와 산업 자본주의가 만나 탄생시킨 하나의 '비즈니스'이기 때문에 벌어지는 일이다.

또한 산후조리원은 '육아 산업'의 시발점이기도 하다. 엄마들은 산후조리원에서부터 각종 육아 용품과 육아 서비스, 더 나아가 교육 상품에까지 자연스레 노출된다. 산모 교육이란 이름으로 한 자리에 엄마들을 모아놓고 판촉을 하니 빠져나갈 재간이 없다. 까딱 경계심을 늦추다간 어느새 자기도 모르게 탯줄도장이며 아기 손발 조형물을 사느라 카드를 긁게 된다나.

'조리원 동기'라는 말도 있다. 같은 산후조리원을 다닌 엄마들이 아이들을 키우며 계속 네트워크를 유지하기 때문에 생긴 말이다. 그러다 보니 아이의 '인맥'이 산후조리원에서부터 결정된다는 이야기도 나온다. 유명 연예인이 다녔다는 강남의 천만 원대 고급 산후조리원이 미리미리 예약해두지 않으면 자리가 없을 정도로 인기라는 이야기는 그런 시류와 무관하지 않다. 잘나가는 동네에서 산후조리를 해야 내 아이의 인생도 잘나갈 가능성이 높을 것이라는, 다소 황당해 보이는 논리가 먹히는 것이 엄마들의 세계였다.

처음부터 이상한 나라의 앨리스가 된 기분으로 들어갔던 산후조리원은 2주 후 퇴소를 한 다음에도 계속 뭔가 기이한 곳이었다는 기억으로 남아 있다. 나 스스로 한 선택이었음에도, 한 인간이 태어나 생존에 필요한 모든 것을 배우고 익히는 최초의 공간이 사회적 욕망과 자본의 논리가 녹아들어 있는 정돈된 '시스템'이라는 사실이 내심 불편했던 것이다. 산후조리원 생활 일주일이 지나자 답답하고 지겨워져 일찍 퇴소하고 싶다는 생각도 했지만, 앞이 깜깜해 그럴 용기도 안 났다. 차려주는 밥을 먹고 꼬박꼬박 시키는 대로만 하는데도 힘이 드는데, 집으로 돌아가면 어떻게 아이에게 젖을 주고 목욕을 시킬지 두려웠다.

산후조리원은 나처럼 육아에 대해 일자무식인 초보 엄마들의 공포감을 세일즈의 포인트로 삼고 있는 것이 틀림없다. 사실 산후조리원에 대해서는 출산으로 지친 산모의 몸을 돌보기 위한 요양의 공간으로만 생각하는 것이 실망도 후회도 없는 가장 속 편한 인식일 것이라는 생각이 든다.

결국 2주를 꽉 채운 후 집으로 돌아와서야 나는 깨달았다. 아이를 키운다는 것이 교육을 통해 알 수 있는 일이 아니라는 것을. 결국엔 엄마와 아기 사이의 호흡과 리듬을 찾고 엄마만의 노하우를 개발하는 것이 중요하다는 것을 말이다.

그런 허탈한 깨달음을 얻은 채, 나의 육아는 아이를 낳은 후 3주

뒤에나 본격적으로 시작되었다. 엄마라는 낯선 이름의 삶도 그제
야 출발할 수 있었던 것 같다.

셋

'모성'은
타고나는 것일까

첫 아이를 임신하고부터 꿈을 엄청 많이 꿨다. 원래부터 임신을 하면 호르몬의 영향 때문에 깊은 잠을 자지 못해서 꿈을 많이 꾼다고 한다. 내가 꾼 꿈은 항상 아이와 관련된 것이었다. 꿈이란 게 사람의 무의식을 드러내는 것임은 알고 있었지만, 임신을 했다고 해서 이렇게나 내 머릿속이 아이만으로 꽉 채워질 줄은 몰랐다.

임신 초기, 초음파 검사를 통해 콩알만 한 아기집을 본 후 우리 부부는 첫째 아이의 태명을 '콩콩이'라 지었다. 콩알만 한 게 심장 소리가 "콩콩" 하고 뛰는 것이 너무 기특해서였다. 혹시나 태명 때문에 덩치가 콩만 할까봐 걱정도 했으나, 다행히 키와 몸무게가 또

래보다 작지 않고 몸도 튼튼하게 자라고 있어 감사하게 생각한다. 반찬 중에 콩자반을 유독 좋아하는 것이 임신 중 태명을 자주 불러주어서인지 모르겠다는 생각은 가끔 한다.

태명 하나로 갖가지 생각이 꼬리를 물 정도로 임신 중에는 참 예민해진다. 그래서일까. 어느 날에는 꼭 만화처럼 '완두콩'을 낳는 꿈을 꿨다. 끙끙대며 아이를 낳고 보니 완두콩 껍질 속에 뽀얀 콩알이 들어 있는 것이 아닌가. 생각해보면 초음파 검사에서 본 아기집과 난황의 모습이 꼭 완두콩의 구조와 닮긴 했다. 어쨌든 황당하기 짝이 없어 멍하니 있는 나에게 간호사가 다급히 다가와 "어서 아기에게 물을 주라"고 말했다. 그러고 보니 그새 완두콩이 점점 말라가고 있었다. 조급한 마음으로 완두콩에 정성스레 물을 주다가 잠에서 깼다. 참 웃기면서도 신비한 꿈이었다.

임신 주수가 더 지나 입체 초음파로 아기 얼굴을 보고 온 날은 진짜 아기가 태어나는 꿈을 꿨다. 그런데 아기의 얼굴이 나와 남편의 얼굴을 전혀 닮지 않아 너무도 당혹스러웠다. 꿈속에서 나는 혹시 병원의 실수로 아기가 뒤바뀐 게 아닌지 심각한 고민에 빠졌다. 어떤 날은 인간적으로 너무 못생긴 아기가 태어나 경악하는 꿈도 꿨는데, 이내 '그래도 아무도 이 아이를 훔쳐가지는 않겠지'라는 생각으로 마음의 평화를 찾기도 했다.

아기가 태어난 후에는 육아로 몸이 힘들어서인지 꿈꾸는 일이 잦아들었다. 그러나 몇 달 후 회사 복직을 앞두고는 아이를 맡기고 출근을 해야 한다는 생각에 또다시 이런저런 꿈에 시달렸다. 지금 생각해도 끔찍한 꿈이 하나 있는데, 바로 집에 아이를 혼자 둔 채 만원 지하철을 타고 출근을 하는 꿈이었다. 속으로 '아이가 배고플 시간이 되었는데…'라는 생각에 울고 있을 아이를 걱정하며 발을 동동 굴렀지만 다시 돌아갈 수는 없어 울면서 회사로 가야만 했다.

첫째 아이를 처음으로 어린이집에 맡기고 출근을 하면서부터는 아이를 잃어버리는 꿈을 자주 꿨다. 아이가 엄마를 찾겠다고 어린이집에서 뛰쳐나와서 길을 잃어버리는 꿈이었다. 희한하게도 그런 꿈을 꾼 날엔 꼭 아이가 어린이집에 들어가기 싫어 울곤 한다. 그런 날은 회사에서 일하다 말고 '이 순간에 아이가 길을 잃고 헤매고 있으면 어쩌지?'라는 생각이 꼬리를 물었고, 하루 종일 일이 손에 잡히지 않았다. 그럴 땐 대체 무엇을 위해 이렇게 살고 있는 것인지 회의감이 밀려왔다.

내가 예민하고 까다로운 것인지는 잘 모르겠다. 하지만 보호해야 할 생명을 배 속에 품은 순간부터, 나는 내가 이 아이를 평생토

록 걱정하며 돌보아야 하는 숙명에 놓였음을 직감할 수 있었던 것
같다. 문득 궁금해졌다. 모성母性은 타고나는 것일까.

　다른 것은 몰라도, 자식의 '끼니'에 대한 문제는 아주 자연스럽
게 모성과 연결되는 듯하다. 갓난아기 때부터 젖을 물리며 아기가
언제 배고플까 노심초사하는 엄마의 경험은 아이가 커서도 쭉 연
결된다. 나 역시 그랬다. 아이가 갑자기 울면 '배고픈가?' 하는 생
각이 퍼뜩 들고, 외출이라도 하면 아이가 언제 배고파 울지 늘 신
경을 곤두세웠다. 배고픈 아이에게 제때 젖을 주지 못하는 것만큼

죄책감 느껴지고 가슴 아픈 일도 없었다. 그것은 엄마인 나만이 할 수 있는 일이기 때문이었다. 이따금 뉴스에서 아이를 학대하며 밥을 제대로 주지 않은 부모의 이야기를 들으면 도무지 이해할 수 없었다. 다 늙은 자식에게 노모가 "밥은 먹었니?" 하며 끼니를 걱정하는 이유를 알 것도 같았다.

또 하나. 아기가 분리불안을 느끼듯이, 엄마 역시 아이와 떨어지는 것이 본능적으로 불안한 것 같다. 출산을 통해 내 몸의 일부가 나에게서 떨어져 나오고, 나와는 별도로 존재한다는 것 자체가 불안인 것이다. 나는 아이가 걷기 시작하면서부터 외출 때마다 기도하는 심정으로 이름과 전화번호를 새겨넣은 목걸이를 꼭 걸어주곤 한다. 아이가 점점 자라 독립적인 존재가 되어가면서 엄마들의 이런 기억은 대부분 흐릿해지지만, 엄마는 아이가 자신과 연결된 존재라는 것을 무의식 속에 갖고 살아가는 것 같다. 그러니 자식을 잃는 슬픔을 창자가 끊어지듯 고통스러운 '단장斷腸'이라 표현하는 것이리라.

이렇게 보면 분명 모성은 타고나는 본능인 게 맞다. 하지만 모성이란, 가부장제가 여성을 억압하고 가정의 울타리 안에 묶어두기 위해 인위적으로 만든 신화라는 페미니즘의 시각도 있다. 이러한 논지는 책《성의 변증법》으로 유명한 슐라미스 파이어스톤을 비롯해 다수의 페미니스트들에 의해 주창되었다. 여성에게 어머니의 역할을 가장 중요한 임무로 믿게 함으로써 여성의 사회 진출을 가로막고 남성 중심의 가부장제를 유지할 수 있었다는 게 요지다. 세상이 모성에 기대하는 것은 하루 종일 육아, 가사와 씨름하면서도 아이들에게는 한없이 자애로운 어머니의 모습이지만, 단언컨대 이는 현실 속에서 불가능에 가까운 일이다.

나의 경우에도 둘째 아이까지 낳고 나니 거의 매일 기인열전을 찍다시피 한다. 첫째 밥 먹이고 나면 둘째가 젖 달라고 울고, 한창 젖 먹이고 있으면 첫째가 응가를 한다. 응가를 치운답시고 둘째를 뉘어놓으면 목이 찢어져라 울어대니, 첫째에겐 늘 "빨리 빨리"라며 채근하게 된다. 한 놈 재우면 한 놈이 깨고, 한 놈이 잘 놀면 한 놈이 울고. 그러다 동시에 울기라도 하면 그야말로 '멘탈'이 붕괴되고…. 자는 시간이라고 평화로울까. 누구 하나 깨서 울기라도 하면 나머지 한 녀석도 같이 깨어버린다. 이처럼 '24시간 풀가동 육아 머신'이 되어야 하는 엄마들에게 아름답기만 한 모성을 논하는 것은 사실상 가혹한 일이다.

그럼에도 많은 여성들이 모성이라는 이름 앞에 무너진다. 세상이 숭배하는 모성은 끝없이 내어주는 사랑이다. 인간이기에 그 기준을 충족시키는 것은 애초에 가능하지 않음에도, 여성들은 이러한 '모성 신화'의 울타리 안에서 늘 자유롭지 못하다. 나 역시 아이를 돌보는 중에 약간의 나태함을 부리거나 아이에게 작은 문제가 생겨도 죄책감에 시달렸다. '모성이 부족한 것일까'라는 질문을 던지며 스스로를 질책하곤 했는데, 친구들이나 주변 엄마들로부터도 그런 이야기는 심심찮게 들었다. 일하는 여성이건 일하지 않는 여성이건 가리지 않고 모두 그랬다.

아이를 낳고 산후우울증에 시달리는 것도 많은 경우 바로 이런 모성에 대한 기대와 좌절 때문이다. 완벽한 모성을 바라는 외부의 기대와 시선, 스스로 설정한 신화적 모성의 틀 속에 엄마들은 자신을 가둔다. 학창 시절 여성학 공부를 한 번쯤은 해봤을 법한데도, 정작 자신의 삶 속으로 들어가서는 그로부터 벗어나지 못한다. 그래서 수많은 훌륭한 여성들이 결혼을 하고 임신을 하고 아이를 낳으면서 자신의 사회적 역할을 포기한 채 '엄마'로서만 사는 선택을 한다. "일하는 엄마는 죄인"이라는 억울하고 황당한 말을 결국 수긍하게 되는 것이다. 실제론 엄마를 일하지 못하게 하는 이 사회의 법과 제도, 문화에 책임을 물어야 하는데 말이다.

아이는 부부가 함께 만들고 함께 낳는다. 양육도 부부가 함께해나가는 것이다. 사회가 모성만큼이나 부성父性을 주목하고 강조한다면, 남녀를 구분하지 않고 부모가 자식을 키우기 좋은 세상이라면, 여성이 더이상 자신의 모성에 대해 의심하거나 채찍질할 필요가 없을 것이다. 내 안의 모성을 마음껏 발휘하면서도 개인의 인생을 놓치지 않을 수 있는 삶을 꿈꿔본다. 내가 엄마로 사는 동안 과연 그 꿈이 실현될 수 있을까? 현실은 꿈과 정반대라는 게 함정이다.

넷

작명의
기술

 우리 아이들의 이름은 우리 부부가 지었다. 엄마 아빠가 아이들의 이름을 지었다는 것이 뭐 그리 얘깃거리라도 되는지 모르겠다만, 한국 땅에서는 이것이 꽤나 많은 함의를 지니는 이야기다.

 나는 사람들이 사주팔자에 따라 아이 이름을 지을 뿐만 아니라 그것을 작명소나 철학관에 맡기는 것을 당연시하는 것에 대해 평소 이상하게 생각해왔다. 내가 알기로 사주팔자란 인간의 운명을 통계적으로 제시해놓은 사례 모음에 불과한데, 통계는 확률에 불과하며 항상 예외가 존재하기 마련이다. 그런데 아이의 이름을 고작 그 불완전한 통계적 운명론에 근거해 짓는다는 것이 나로선 납득하기 어려웠다.

그것도 작명소나 철학관에서 '받아오는' 식은 정말 마음에 들지 않았다. 차라리 내가 존경하는 누군가로부터 이름을 선물 받는 차원이라면 모를까, 알지도 못할뿐더러 신뢰도 가지 않는 장사치에게 돈을 주고 이름을 사온다는 것이 너무도 괴상한 관습이라고 생각했다.

물론 이렇게 아이 이름을 짓는 경우는 대부분 시댁이나 친정 어른들의 권유 혹은 강요에 의해서다. 이제 갓 부모가 된 초보 어른들은 자신의 부모가 들이미는 작명소 이름을 큰 비판 없이 수용한다. 이건 어른의 의견이라면 토를 달지 않고 받아들이는 것이 미덕인 한국사회이기 때문에 가능한 일이다.

우리 시어머니께서도 첫째 아이를 낳은 후 작명소에서 이름을 여럿 받아오셨다. 시어머니는 사주팔자나 철학관에서 보는 점을 믿는 평범한 옛날 아주머니이시다. 특별히 무언가를 강요하시는 성격은 아니라 "참고만 하라"고 하셨는데, 우리 부부는 정말 참고만 하고 받아오신 이름은 선택하지 않았다.

며느리 된 입장에서 시부모님이 제안하신 무언가를 거부하기는 참 어려운 일이다. 내심 받아오신 이름 중에 내가 생각해둔 이름이 있으면 다행이겠다고 생각도 했지만, 만약 그렇지 않다면 어떻게 정중히 거절해야 하느냐가 고민거리였다. 하지만 다행스럽게도 남편이 적극 나서서 "우리 뜻대로 하겠다"고 강력하게 선을 그어 주었다. 남편이 사주팔자나 작명소 이름에 대해 나보다도 더 강한 거부감을 갖고 있었기 때문이다.

출산 전 한번은 산후조리원에서 마련한 다양한 산전 강좌가 있어 즐겨 들었는데, 그중에는 '우리 아이 좋은 이름 짓기'라는 작명 강좌도 있었다. 사람의 이름이란 게 그래도 사회적 맥락과 시대 흐름에 어느 정도는 부응해야 한다고 생각했기에 강좌를 들어보았는데, 나로선 사실 좀 충격이었다. 강좌는 나의 기대와는 전혀 다른, 사주명리학에 관한 이야기였다.

강의는 한 시간에 걸쳐 음양오행의 이치나 사주팔자의 의미에 대해 길고 진지하게 이어졌다. 한자 문화권에서 살고 있고, 이름에 한자를 써야 하므로 음양오행에 대해 공부하게 된 것까지는 좋았다. 그런데 강의 말미에 강사분이 작명 비용에 대해 설명하며 대놓고 '영업'을 하는 것이었다. 작명에도 일반 상품이 있고 프리미엄 상품이 있다는 사실을 그 강좌를 통해 처음 알았다. 아니 그럼, 더 좋은 이름이 있는데 돈을 덜 내면 덜 좋은 이름을 지어야 한단

말인가? 참 황당하다. 더욱 놀라운 것은 거기에 모인 예비 엄마들이 모두 돈 주고 작명을 하는 것이 당연한 일인 양, 강사분과 진지하게 '가격 상담'을 하고 있는 모습이었다. 정말이지, '나는 누구고 여긴 어딘가' 싶었다.

이 이후로, 작명소 이름 짓기에 대해 막연히 비판적이었던 나는 우리 아이의 이름은 반드시 남편과 상의해서 직접 지어야겠다고 생각했다. 내 몸에서 낳는 나의 아이이지만, 앞으로 펼쳐질 그 아이 인생의 무수한 선택들은 전적으로 본인의 것일 테다. 하지만 이름만은 아이가 스스로 선택할 수 없기에 부모가 아이를 위해 선택해주는 인생 최초의 큰 선물이 된다. 아이가 살아갈 멋진 인생을 기대하며, 부모가 미리 소리 내어 불러보는 내 아이의 축약된 삶이 바로 이름이다.

우리 아이들의 이름은 음운은 내가 짓고, 뜻을 담은 한자는 남편이 고르는 식으로 지었다. 나는 사실 뜻보다도 음운을 더 중요하게 생각해 지었는데, 마치 소설 속 주인공처럼 부드럽고 멋스러우면서도 진중해 보이는 이름을 짓고 싶었다. 너무 튀는 것도, 너무 평범한 것도 싫었다.

처음 짓는 이름이니 도서관에서 아이 이름 짓는 방법에 대한 책

을 여러 권 빌려 공부도 좀 했다. 이름에 쓰지 않는 한자를 고르거나 자칫 불렀을 때 이상한 뜻이 되는 이름을 짓는 일을 방지하기 위해서다. 막상 공부를 해보니 이름 짓는 일이 그리 만만한 일은 아니었다. 그래도 산후조리원에 앉아 머리를 싸매가며 성심성의껏 가장 좋다고 생각되는 이름을 만들었다.

그렇게 지은 첫째 아이 이름은 유준有儁, 둘째 아이는 유하有河다. 너그러울 유有에 준걸 준儁, 뛰어나되 마음이 너그러운 사람이 되라는 뜻이다. 너무 강하고 남성적인 이름은 배제했다. 둘째 아이는 같은 유자 돌림으로 남매간에 '소속감'을 주되, 뒤의 글자를 무엇으로 할까 무척 고심하다가 결국 강 하河를 골랐다. 너그럽고 넓은 마음을 지니며 평온하게 살아가라는 뜻으로 지었다.

나는 매일 두 아이 이름을 부르면서 항상 만족스럽다. 부르기에 좋고 듣는 이들마다 이름이 예쁘다고 인사를 해준다. 내가 바라왔던 이름이고, 아직 어린 아기이지만 아이들이 이름과 잘 어울리는 듯해서 뿌듯하다. 나중에 아이들이 자라 자신의 이름에 만족하고 이름처럼 멋지게 살아가준다면 더할 나위 없이 기쁠 것 같다. 우리 부부가 아이들에게 준 최초의, 가장 소중한 선물이 그 빛을 발하게 되길….

다섯

'포대기'를
기억하시나요?

웬만한 육아용품은 사촌언니로부터 물려받았다. 유모차나 카시트, 장난감과 옷가지 등 그 양이 엄청나서, 친정엄마가 1톤 화물 트럭을 빌려서 우리 집까지 갖다 줄 정도였다. 거의 이삿짐 수준으로 육아용품이 많았던 것은 그중 아기 침대가 있었기 때문이다.

예전부터 아기 침대에 대한 은근한 로망이 있었다. 부부의 침대 옆에 놓인 앙증맞은 아기 침대에 예쁜 모빌이 달려 있고 초보 엄마 아빠가 사랑스러운 눈빛으로 아기와 서로를 바라보는 장면. 그런 기대감 때문에 물려받은 침대에 새로 페인트칠까지 해 침실에 '모셔'두기까지 했다.

하지만 아이를 낳기 전엔 이런 장면이 고도로 연출된 광고 화보에서나 가능한 것임을 몰랐다. 특히 엄마가 품위 있는 차림으로 아기 침대 안의 아이를 지긋이 바라보는 일은 현실 속에서는 거의 일어나지 않는 일이었다.

밤에 아이를 겨우 재워 조심조심 침대에 눕혔다고 해서 하루가 끝나는 것은 아니었다. 녀석은 깊이 잠들었나 싶어도 몇 시간이 안 돼 깨서 울곤 했다. 자다 깨서 울면 엄마도 주섬주섬 일어나 아이를 달래 다시 재워야 했는데, 문제는 그러다가 내가 밤잠이 다 달아난다는 것이었다. 아기 침대와 우리 침대를 바로 붙여두었지만, 잠결에 자다 깬 무거운 눈꺼풀로 아기 침대로 옮겨가는 길은 천릿길처럼 멀게 느껴졌다.

달래도 아이가 다시 잠들지 못하면 아예 우리 침대로 데리고 와 눕혔다. 엄마 아빠 사이에 누우면 아이는 깊은 잠 속으로 쉽게 빠져들었다. 몇 번 그 일을 반복하다 보니 아예 처음부터 셋이서 같이 한자리에 누워 잠드는 게 오히려 편한 일이 되어버렸다. 적어도 내 경우엔 아기 침대는 육아에 오히려 걸림돌이었던 셈이다. 1톤 트럭까지 빌려 장만한 아기 침대는 사용한 지 몇 개월 되지 않아 결국 폐기처분하기에 이르렀다.

아이를 낳아 키우는 일에 정답은 없지만, 요즘 엄마들 사이에는 현대적이고 과학적인 육아 방식이라고 여겨지는 모델 같은 것이 몇 가지 존재한다. 앞서 말한 것처럼 아기 침대에 아이를 따로 재워 어릴 때부터 독립심을 키운다든지, 생후 몇 개월이 지나면 밤새 깨지 않고 '통잠'을 잘 수 있도록 수면 교육을 한다든지, 울더라도 바로 젖을 물리지 않고 일정한 간격으로 정해진 시간에 수유를 한다든지 식의 규칙을 따르는 것이다.

한국에서 꽤나 유행했던 '프랑스식 육아법'은 이런 엄격한 규칙을 기반으로 한다. 아기가 밤에 쭉 자게 하려고 일찍이 밤중 수유를 떼고, 생후 1년이 안 된 갓난아기들도 간식이나 식사 시간을 어른들의 스케줄과 거의 맞춰가며 제한하는 식이다. 그 결과 프랑스 아이들 대부분은 생후 2~3개월만 되면 대부분 밤새 쭉 깨지 않고 잘 자고, 공공장소나 레스토랑에서도 어른들처럼 느긋하게 식사를 할 정도로 인내심을 갖도록 키워진다. 그 밑바탕에는 어려서부터 스스로를 절제할 줄 알고 독립심을 기르는 프랑스식 육아법이 있는 것이다.

나 역시 유행과 같은 요즘 육아 방식을 특별한 비판 없이 받아들였고, 아이가 태어난 후 그러한 규칙에 따르려 애썼다. 안전을 이유로 아이를 아기 침대에 따로 재우고, 100일이 지났는데도 밤에 자다 자꾸 깨면 '혹시 성장에 해가 되지 않을까' 싶어 독한 마음으로 수면 교육을 해야 하는 것이 아닌지 조급하기도 했다.

그러던 어느 날, 남편과 함께 EBS에서 방영한 한 다큐멘터리를 보게 되었다. 〈오래된 미래 전통육아의 비밀〉이라는 제목의 이 다큐멘터리는 옛날 우리 어머니 세대가 아이를 업어줄 때 사용하던 '포대기'가 유럽과 미국 등 서구 국가에서 유행이라는 데서 이야기를 시작한다. 한국의 전통식 육아 용품이지만 우리 사회에서 점점 자취를 감추고 있는 포대기가 외국에서 'Podaegi'라는 이름으로 각광을 받고 있었던 것이다. 유튜브에서는 서양의 부모들이 포대기를 매는 방법을 시연하는 동영상들을 쉽게 찾아볼 수 있다.

바로 '애착 육아'라는 이름으로 한국의 전통 육아법이 인기를 끌고 있는 현상인데, 포대기로 아이를 업어주거나 아이에게 젖을 물리며 함께 잠을 자는 것처럼 부모와 아이가 늘 신체적으로 긴밀한 접촉을 갖는 것을 토대로 한다. 그런데 정작 요즘 한국 엄마들에게는 이런 식의 육아법이 어딘지 모르게 촌스럽거나 비과학적인 방법이라고 인식되어 외면받고 있다는 것이었다. 다큐멘터리는 결국 유아기에 부모와 애착 관계를 잘 맺는 우리 전통 육아 방식이 뇌 발달은 물론 정서적인 측면에서도 매우 바람직하다는 이야기로 끝을 맺는다.

그제야 나는 '아차' 싶었다. 아이를 낳기 전부터 알고 있었던 미국의 심리학자 해리 할로우의 '가짜 원숭이 실험'이 떠올랐다. 이 실험은 피부를 통한 스킨십의 중요성을 잘 설명하고 있다. 갓 태어난 새끼 원숭이의 우리에 철사로 만들었지만 우유가 나오는 어미 원숭이와 우유가 없지만 헝겊으로 만든 어미 원숭이를 넣어주었는데, 새끼 원숭이가 배고플 때만 철사 원숭이에게 가서 우유를 먹을 뿐 하루 종일 헝겊 원숭이에게만 붙어 있더라는 이야기다. 할로우는 이를 배고픔을 능가하는 '접촉 위안Contact Comfort' 때문이라 설명한다. 그는 이 실험을 통해 유아기에 주 양육자와의 지속적인 신체 접촉과 정서적 유대감이 성장에 매우 중요한 역할을 한다는 것을 증명했다.

이후 나는 줄기차게 아이를 안고 업었다. 아이가 잠투정을 하거나 칭얼거릴 때면 늘 안거나 업은 채로 노래를 불러주었다. 밤에 아이가 잠을 못 이룰 때는 품에 안고서 잠들 때까지 온 집 안을 걸어다녔다. 그러면 쉽게 잠이 들곤 했다. 아이가 목을 가눈 후 처음으로 등에 업은 날, 내가 업고서 설거지를 하자 아이는 소리도 없

이 등 뒤에서 스르륵 편안하게 잠들었다. 포근한 엄마의 체온과 설거지하는 물소리가 몸과 마음을 모두 편안히 만들어주었던 모양이다.

물론 '애착 육아'란 단순한 스킨십에서 비롯되는 것은 아니다. 세상 모든 것이 낯설고 두려운 존재인 유아기의 아이에게는 주 양육자가 심어주는 '신뢰'가 매우 절실하다. 배가 고플 때, 기저귀가 찼을 때, 몸이 아플 때 아기는 이 고통이 영원할 것 같은 공포를 느낀다고 한다. 시간이 지나가기 마련이라는 사실을 모르는 어린 아기들은 순간을 영원처럼 여기기 때문이다. 때문에 아기가 불편한 상황에 닥쳤을 때 주 양육자는 최대한 빨리 편안한 상황을 만들어 줘야 한다. 이것이 반복되면 아기는 비로소 '엄마가 있으니 곧 괜찮아질 것'임을 알게 되고, 신뢰감을 갖고 기다리는 법을 터득하게 된다. 힘든 상황에 닥쳐도 곧 편안해질 것이라는 믿음, 불안한 일이 생겨도 세상이 곧 안전해질 것이라는 믿음. 그 믿음은 아기가 평생 살아갈 마음의 자양분이 된다.

알고 보면 독립심을 강조한다는 프랑스식 육아의 근간에도 신뢰가 있다. 파멜라 드러커맨의 《프랑스 아이처럼》에서는 수면 교육을 위해 라 포즈$^{La\ pause}$(잠깐 멈추기)를 활용하는 프랑스 부모들의 이야기가 언급된다. 수면 교육이라는 게 아이가 자다 깰 때 '무조건 울리기'와 같은 혹독한 훈련이 아니다. 아이가 밤에 자다 깨서 울 때 바로 달려가 안아서 달래는 것이 아니라, 우는 아이가 다시 깊은 잠에 빠질 수 있는 능력이 있다고 믿으며 잠깐 멈춘 채 아이의 수면 리듬을 지켜보는 것이다. 아이 스스로 렘^{REM} 수면을 이어가는 방법을 터득하게 만드는 것이다. 이것은 근본적으로 부모가 아이에 대해 '인간에 대한 신뢰'를 갖기에 가능한 방식이다.

포대기든, 프랑스식 육아든, 중요한 것은 형식이 아니라 근본적인 철학이다. 두 방식은 겉으로만 보면 정반대의 철학을 가진 것처럼 느껴지지만, 사실상 그 근간에는 공통적으로 엄마가 아이의 리듬을 읽으려 노력하고 그에 맞춰 호흡하려는 노력이 숨어 있다. 아이를 하나의 독립된 인간으로서 신뢰하는 것이다.

물론 이것이 쉬운 일은 아니다. 생물학적 엄마이기에 무조건 자연스럽게 가능한 일도 아니다. 어떤 최고의 육아 바이블도 해결해 줄 수 없는 문제다. 많은 인내와 절제를 필요로 한다. 결국 엄마에게는 엄마만의 숙제가 오롯이 남을 뿐이다.

2장
모유수유 잔혹사

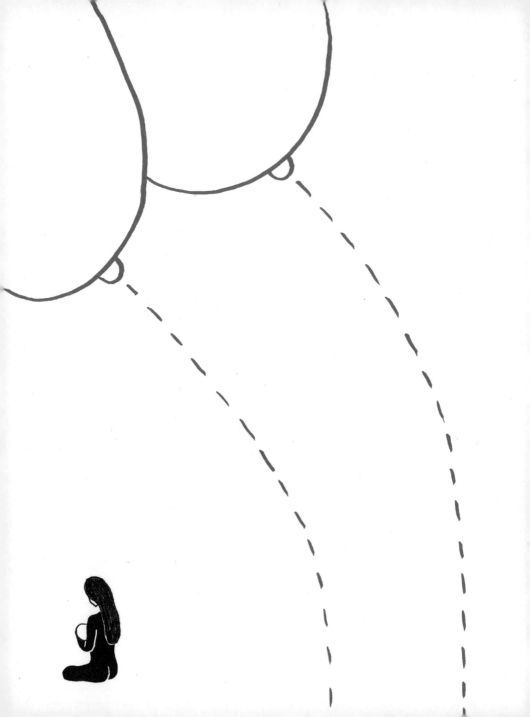

하나

돼지족,
먹어봤니?

육아의 첫 난관은 모유수유였다. 첫째 아이는 내 젖을 안 물려고 했다. 배고플 때면 반가워야 할 엄마 젖이 녀석에겐 불청객이었다. 내 가슴만 보면 자지러지게 울었는데, 울어도 정말 그렇게 서럽게 울 수가 없었다. 아무리 배가 고파도 젖을 물지는 않고, 손으로 밀고 머리를 뒤로 젖혀가며 온몸으로 거부했다. 그렇게 빽빽 울기만 하다가도 젖병을 들이밀면 꿀떡꿀떡 잘 먹었다. 유두혼동이 일찍 찾아온 것이다.

아이는 낳기만 하면 그다음에는 저절로 잘 먹고 잘 싸는 줄 알았다. 모든 것이 자연스럽길 바라는 마음에서 자연주의 출산이니 감

성분만이니 노래를 불렀고, 그다음은 모두 순탄하게 자연스러울 것이라 기대했다. 하지만 낳고 보니 그런 안일한 생각이 또 없다. 모유수유는 절대로 만만한 과제가 아니었다.

처음에는 아직 젖 빠는 힘이 부족해 그런가보다 했다. 조금 더 자라면 빠는 힘이 세져서 젖병 빨 듯 잘 먹을 수 있으리라고 생각했다. 그러나 그 기대는 시간이 갈수록 무너졌다. 시어머님과 친정엄마는 입을 모아 "배가 덜 고파서 그런다. 쫄쫄 굶기면 알아서 먹게 돼 있다"고 했다. "엄마가 아이에게 지면 안 된다"는 의미심장한 말도 덧붙였다.

그 말씀에 큰맘 먹고 애를 굶겨도 봤다. 아이를 한번 이겨보겠답시고, 배고파 우는 아이를 1시간도 울려보고 2시간도 울려봤다. 그래도 녀석은 입술을 바르르 떨며 신경질적으로 울었고 젖을 물진 않았다. 울리다 지쳐 결국 젖병을 주면 꼴깍꼴깍 체할 듯이 '원샷'을 했다. 눈에는 서러움의 눈물이 가득 고인 채로.

이러다 아이의 성격만 나빠지겠다 싶어, 나는 결국 직접 수유하는 것을 포기하기에 이르렀다. 내가 아이에게 져버린 것이다. 세상에 마음대로 안 되는 일이 어디 한두 가지겠느냐만, 세상에서 가장 자연스럽게 이뤄질 것이라 믿었던 일이 안 되니 어찌나 당혹스러

웠는지 모른다. 그렇게 나는 아이에게 직접 젖을 물리는 '직수(직접 수유의 줄임말)'에 실패해, 유축기로 모유를 짜서 젖병에 담아 먹이는 '유축'맘이 되었다.

어떤 엄마들은 직수를 잘하기 위해서 각종 유방 마사지를 다니기도 한다. 그중 일본에서 유래한 '오케타니 마사지'가 유명한데, 우연찮게도 일본어 오케타니桶谷를 한국식 한자음으로 읽으면 '통곡'으로 읽힌다. 때문에 엄마들은 "얼마나 아팠으면 이름도 하물며 '통곡'이냐"며 우스갯소리를 한다. 젖몸살이 아이를 낳는 것보다도 더 아팠다는 엄마들도 많을 정도이니, 수유를 위한 고생이 말로 다 못할 고통인 것만은 확실하다. 나는 아이가 처음부터 너무 확고하게 젖병을 선택해버려, 그런 마사지를 받거나 다른 방법을 찾아볼 생각도 못했지만 말이다.

유축맘의 길로 들어서면서 모유에 대한 나의 집착은 더 커졌다. 유축을 해서 먹이다 보면 젖양이 금세 줄어든다는 이야기 때문에, 늘 모유에 좋다는 음식만 찾아 먹게 됐다. 미역국은 물론이고 곰국, 두유 등을 매 끼니 때마다 먹었고 늘 따뜻한 물을 들이켰다. 그 당시 내 머릿속은 오로지 '어떻게 하면 모유를 잘, 많이, 오랫동안 먹일 수 있을까?'로 가득 찼다. 인터넷을 수도 없이 뒤져봤는데, 돼지족을 우린 물을 먹으면 좋다는 말에 혹했지만 차마 그것까지 먹어보진 못했다.

뿐만 아니라 내가 먹는 모든 것이 모유가 되어 아이에게 전해진다 생각하니, 임신 중일 때보다도 못 먹는 게 더 많아졌다. 평소 좋아하던 떡볶이, 낙지볶음, 불닭 등 매운 음식은 손도 못 댔다. 매운 음식을 먹으면 아기가 변을 보다가 자극이 되어 '똥꼬'가 빨개진다나. 당연히 화학조미료가 들어간 라면이나 햄버거 등 인스턴트 음식, 기름기가 많거나 너무 단 음식, 탄산음료 등은 멀리했다. 회사 다니며 매일 한 잔 이상 커피를 마셔왔지만, 디카페인 커피조차 안 마셨다. 식탐 많은 내가 이 정도면 참 눈물겨운 모정이었다.

문득 궁금해졌다. 요즘 엄마들의 '모유 신화'는 어떻게 생겨난 것일까? 모유는 정말 아이에게 완벽한 식품일까?

지금은 상상하기 힘든 이야기이지만, 1980~1990년대 우리나라에서는 모유보다도 분유를 먹여야 아이가 살도 찌고 튼튼하게 자란다는 '분유 신화'가 존재했다. 성장기 아기에게 필요한 각종 영양소를 칼로 자르듯 완벽하게 재단해 조제한 분유를 먹어야만 아이가 우량아로 자란다는 것이었다. 때문에 당시 유행했던 '우량아 선발대회'는 유명한 분유 회사에서 주최하는 경우가 많았다. 물론 그때 기준으로 선발된 우량아는 요즘 기준으론 비만아에 가깝다.

시대가 변화하면서 모유가 가진 영양학적 우수성이 대중에게 알려졌고, 요즘 엄마들은 모유를 아기에게 줄 수 있는 최고의 음식으로 생각하게 되었다. 모유는 바깥세상의 바이러스나 박테리아 등 유해 세균으로부터 아이를 보호해주는 면역 성분이 풍부할 뿐만 아니라, 아이의 연령에 따라 필요한 영양 성분도 변화한다고 한다. 뿐만 아니라 모유수유를 통해 아이와 엄마 사이에는 강한 애착이 생기고, 아이는 엄마 젖을 빨고 만지는 행위를 통해 각종 감각이 발달한다. 이런 이유로 세계보건기구와 유니세프 등은 최소 생후 6개월까지는 모유만 먹일 것을 권장한다.

하지만 이런 '모유 신화'를 듣고 있자면 어쩐지 불편한 심경이든다. 내가 직수에 실패해서 그런 것만은 아니다. 주변을 보면 여러 가지 이유로 모유를 먹이지 못하는 엄마들이 많다. 아이를 낳은지 얼마 안 돼 일을 해야 하는 엄마, 건강상 모유를 수유할 수 없는엄마, 젖양이 부족해 먹이지 못하는 엄마…. 건강한 모유를 먹여야만 아이가 잘 자랄 수 있다는 모유 신화는 그런 수많은 엄마들을'못난 엄마'로 만든다. 성공적으로 모유수유를 하는 엄마들과 그렇지 못한 엄마들 사이에도 오묘한 우열이 존재한다. 모유가 좋다고권장하는 것이 문제가 아니라, 어떤 기준에 못 미치면 소외되고 낙오되게 만드는 못난 우리 사회가 문제다.

그러던 어느 날 모유수유에 대해 다룬 한 다큐멘터리를 보고선깜짝 놀랐다. 다큐멘터리는 누구보다도 성심성의껏 모유수유를하고 있는 엄마들의 이야기를 다룬다. 나처럼 음식을 가려 먹는 것은 물론이고, 직장을 다니는 엄마들은 회사에서 유축해둔 모유를가져와서 먹이거나 점심시간에 집으로 달려와 젖을 주는 눈물겨운 열의를 보인다. 제작진은 이들에게 모유 성분을 분석해볼 것을제안하는데, 그 결과가 충격적이었다.

음식과 건강을 모두 열심히 관리하는 이 엄마들의 모유 성분은 대체로 건강하고 영양학적으로 균형이 있었다. 하지만 엄마들은 자신의 모유에 '유해물질'이 하나 포함되어 있다는 소리를 듣고 눈물을 쏟는다. 아기를 위해 가장 완벽한 음식이라 생각했던 모유에 가당치도 않은 소리 같지만, 이 유해물질의 정체는 바로 환경호르몬이었다. 그런데 이것은 분석 실험에 참가한 엄마들이 특별히 환경오염에 더 노출되었기 때문에 검출된 것은 아니었다.

그 원인은 생태계의 최상위 포식자인 인간이기에 불가피한 것이라고 설명되었다. 환경이 오염되고 자연이 파괴될수록, 오염 물질은 동식물의 먹이사슬을 타고 축적되어 결국 인간의 몸속에 가장 많이 쌓일 수밖에 없다는 이야기다. 더욱 놀라운 것은 모유가 자식을 위해 모든 것을 내어주는 물질이라고 생각하지만, 알고 보면 인간을 비롯한 동물들이 자신의 모유를 통해 몸속의 독성도 함께 배출해버린다는 사실이었다. 실제로 모유수유를 하고 나면 엄마의 몸에는 유해물질 수치가 낮아진다고 한다.

자연을 병들게 하는 주범인 인간이 자신의 몸속에 가장 많은 유해물질을 축적하고, 그것을 다시 자식에게 대물림한다는 이야기는 어찌 보면 참 가혹하다. 인간이 저지른 죄와 그 업보가 고스란히 되돌아온다는 이야기인 듯하다. 나는 엄마가 되어서야 비로소 자연 앞에 겸손해져야 함을 온몸으로 깨달았다. 내 아이를 위해서라도 풀 한 포기, 물 한 방울을 소중히 여겨야 한다는 것을. 자연 앞에서 이기적인 인간이 되지 말아야 한다는 것을. 좀더 겸허한 인간, 성숙한 엄마가 되어야 한다는 것을.

둘

유축맘 vs 직수맘

다른 건 몰라도 '모유수유'하면 여러모로 할 말이 많다. 첫째 아이 때엔 유축맘으로 별별 고생을 해봤고, 둘째 아이를 낳은 후엔 '직수'를 하기 위해 안간힘을 쓴 덕분에 '완모(완전 모유수유의 줄임말)'맘이 되었기 때문이다. 모유수유에 관한 경험은 얼추 다 해봤다는 말이 되겠다.

첫째 아이는 모유를 유축해서 먹이다가 젖이 금방 말라 생후 5개월부터는 분유를 먹였다. 둘째 아이는 첫째와는 반대로 젖병을 죽어도 빨지 않아, 울면 가슴부터 들이밀며 내내 끼고 산다. 어느 방법이든 모유수유는 쉽지 않았다. 유축맘과 직수맘의 일상에 대해 비교해보는 것도 웬만큼 정보가 되는 듯싶어 끼적여본다.

우선 유축맘에 대해 알아보자. 무엇보다도, 유축을 해서 아이에게 먹인다는 것은 일이 몇 배로 힘들어진다는 뜻임을 알아야 한다. 아이가 배고프면 젖가슴을 바로 물리는 수유와 달리, 여러 단계의 노동이 필요하기 때문이다. 유축의 길로 들어서자 앞서 유축맘의 길을 걸었던 한 친구는 심심한 위로를 건넸다. "못할 짓이지. 짜고 먹이고 씻고 소독하고…. 그게 대체 뭐하는 짓이었던가 싶다. 그래도…, 힘내!"

유축맘의 일상은 대충 이렇다. 먼저 유축기로 모유를 짠다. 양쪽 가슴 모두 모유를 짜는 데엔 통상 15~20분의 시간이 소요된다. 짠 모유는 유축 전용 비닐팩에 담아 냉장 또는 냉동 보관을 한다. 며칠 몇 시에 몇 밀리리터를 '생산'했는지 기록은 필수다. 냉장 보관한 모유는 약 3일, 냉동 보관한 모유는 3개월까지도 먹일 수 있다. 유축하는 데 쓴 젖병과 가슴 깔때기는 모두 분해해 세척하

고 살균까지 해야 한다. 여기까지가 준비 과정이다. 이 과정을 하루 최소 5~6회는 반복해야 한다.

다음은 먹이기 단계. 아이에게 유축한 모유를 먹이려면 냉장고에 있는 유축팩 한 봉을 꺼내 중탕하고 적당한 온도가 되면 젖병에 따른다. 먹고 난 젖병 역시 세척하고 살균 소독한다. 세척 도구는 젖병용 솔과 젖꼭지용 솔이 나뉘어 있으므로 각기 다르게 사용하며 꼼꼼히 씻어야 한다. 자동 살균소독기가 있다면 다소 편하지만, 없다면 끓는 물에 일일이 젖병을 열탕 소독해서 바싹 말려야 한다. 이런 패턴은 아이가 배고플 3~4시간 사이에 무한 반복된다.

유축해서 모유를 먹이는 일은 아주 계획적으로, 치밀한 계산이 뒤따라야 한다. 아이가 배고픈 줄 알고 유축팩을 꺼내 젖병에 담았는데, 사실은 별로 배가 안 고프다면? 그렇게 먹다 버리는 통에 유축해둔 모유가 다 떨어졌는데 그제야 배고프다고 울어 제끼면? 오, 난감하다. 150밀리리터를 데웠는데 부족해서 울면 대체 얼마를 더 데워줘야 하는 것인가? 먹다 남은 모유가 아까운데 다시 먹여도 안전한 시간 안에 녀석이 다시 배고파해줄 것인가 말 것인가? 등등. 외출할 때면 보냉 가방에 유축한 모유를 넣는 것부터 시작해 빈 젖병, 뜨거운 물을 담은 보온병 등 갖가지 준비물에 정신이 없다. 혹시라도 엄마의 계산과 아기의 컨디션이 맞지 않은데 외출이 길어진다면 낭패다. 엄마는 늘 아이의 배꼽시계에 귀를 기울이며 온 정신을 '먹이는' 일에 쏟을 수밖에 없게 된다.

유축기의 세계도 넓다. 가격대는 몇 만 원대 수동 유축기에서부터 수백 만 원짜리 전동 유축기까지 있다. 처음 산후조리원에서 썼던 유축기는 생긴 건 참 허접하게 생겼더라만, 기계 가격만 무려 300만 원에 달한다고 했다. 처음부터 그것만 써서였는지는 몰라도, 왠지 그 유축기를 사용하니 유축이 부드럽게 잘 되는 것 같아서 산후조리원을 퇴소하면서는 그 기계를 월 18만 원이라는 비싼 가격에 대여했다. 몇 달 빌려 쓰다가 '이러다 기계값을 대여비로 다 내겠다' 싶어 결국 좀 저렴한 가격대의 유축기를 한 대 구입했다. 하지만 새로 산 유축기의 본전을 제대로 뽑지도 못하고 나의 유축맘 시대는 5개월 만에 막을 내렸다.

둘째 아이를 낳은 후 내 머릿속엔 온통 '직수에 성공해야 한다'는 생각뿐이었다. 새벽에 일어나 젖병을 세척하고 소독하느라 고생했던 남편도 산후조리원에 입소하는 내게 "이번엔 꼭 성공하자"며 격려의 파이팅을 외칠 정도였다.

하지만 불태웠던 전의가 무색하게도, 둘째 아이는 내게 별다른 고생을 시키지 않고 엄마 젖을 열심히 빨아주었다. 아이가 젖도 잘 빨고 나의 젖양도 충분해서 나는 수월하게 '직수맘'의 세계에 진입할 수 있었다. 첫째 아이가 내 젖을 빨지 않아서 '나는 모유수유를 할 수 없는 엄마인가!'라는 자괴감에 시달렸건만, 젖을 잘 먹는 둘째 아이를 보니 그냥 아이들의 성향이 달라서였다는 허탈한 결론을 얻기도 했다.

그런데 성향이 달라도 너무 다른 것이, 둘째는 젖병을 전혀 빨지 않아 문제였다. 아이가 젖병을 거부하면 또다른 문제가 생긴다. 바로 엄마를 대체할 수 있는 사람이 전혀 없다는 것이다. 젖병을 빠는 아이에게는 아빠든 할머니든 누구든 급하면 모유를 데워주거나 분유를 타서 주면 된다. 하지만 젖병을 거부하는 아이가 배고프다고 울면, 엄마는 마음대로 화장실을 갈 수도 없고 마음대로 잘 수도 없고 몸이 아파서도 안 된다. 그 누구도 엄마를 대신할 수 없기 때문이다. 덕분에 둘째 아이와는 한 시도 떨어져 있을 수 없었고, 아이는 내 껍딱지가 되었다.

그러나 이것만 빼면 직수는 장점이 더 많다. 우선 외출할 때 이것저것 챙겨나갈 필요가 없다. 기저귀와 물티슈만 가방에 넣으면 끝이다. 밖에 나가서는 '싸는' 일만 일일 뿐, '먹는' 일은 엄마 몸만 있으면 만사가 해결된다. 경제적으로도 좋다. 엄마만 잘 먹으면 될 뿐, 아이를 먹이는 일을 위해 돈을 쓸 일이 전혀 없다. 첫째 때 유축기, 세척 세제, 젖병, 소독기, 분유 등에 들였던 돈을 생각하면 한숨이 절로 나온다.

무엇보다도 가장 좋은 점은 아이와 늘 연결되어 있다는 느낌을 유지할 수 있다는 것이다. 늦은 밤, 잠에서 깨 놀라 우는 아이는 깜깜한 어둠 속에서도 본능적으로 내 젖가슴을 더듬더듬 찾아 힘차게 빤다. 그러다 보면 아이는 순식간에 안정을 찾고, 언제 그랬냐는 듯이 다시 깊은 잠 속으로 빠져든다. 젖을 먹이는 순간엔 아이가 내 몸속에 있었을 때와 마찬가지로, 내 젖줄을 따라 아이와 생명의 끈이 이어지는 느낌이다. 인간이 이런 완벽한 안정을 맛볼 수 있는 경험은 또다시 없을 것이다. 어린 시절 젖을 빨며 경험한 엄마와의 교감은 아이의 평생을 지탱해줄 정서적 안정의 토대가 될 것이다.

아, 그렇다고 이 글이 꼭 "직수가 최고"라는 이야기를 하려는 것은 아니다. 유축맘으로서, 직수맘으로서 두루 경험해본 바, 중요한 것이 따로 있음을 깨달았기 때문이다. 유축을 하건, 혼합수유를 하건, 분유수유를 하건 그런 것은 사실 하나도 중요하지 않다.

중요한 건 바로 엄마로서 자식을 먹이고 보살피기 위한 고민과 노력의 경험을 갖는 것 그 자체다. 그런 경험들을 통해 엄마는 남들은 절대 모를 자식에 대한 애틋함과 사랑을 키워간다. 모유수유를 위한 모든 기억들은 나와 아이만 공유할 수 있는 소중한 순간들로 남았다. 젖병을 빨던 첫째 아이도, 내 가슴만 찾는 둘째 아이도, 내 기억 속에서는 너무도 어여쁘다. 지금도 떠올리기만 하면 눈이 시큰거린다. 다시 오지 않을 아름다운 시간들이어서 그런가보다.

셋

공공장소 모유수유,
어떻게 생각하세요?

고민거리가 하나 생겼다. 같은 아파트 단지에 사는 엄마들 가운데 2015년생 아이를 둔 엄마들끼리 카페에서 모임을 갖게 되었는데, 한 엄마가 그 자리에서 모유수유를 하는 것을 보았기 때문이다. 카페에는 우리들뿐이었고 다른 자리에서는 보이지 않게끔 뒤돌아 앉긴 했지만, 공공장소에서 수유하는 엄마를 본 것은 처음이라 꽤 놀랐다. 공공장소에서의 모유수유, 괜찮은 걸까.

2016년 2월, 미국의 민주당 대통령 선거 경선후보인 버니 샌더스 상원의원의 유세 현장에서 갓난아기에게 젖을 물린 채 환호하고 있는 한 여성 지지자의 모습이 카메라에 잡혔다. 세 아이의 엄마인 마거릿 엘런 브래드포드와 그의 6개월 된 막내딸이었다. 브래드포드가 자신의 페이스북에 이 사진을 올리며 샌더스 부부가 유세가 끝난 후 다가와 "엄마들이 하는 일을 해줘서, 딸이 엄마를 필요할 때 돌봐줘서 고맙다"고 밝혀 더욱 화제가 되었다.

이는 공공장소에서 모유를 수유할 권리에 대한 찬반 논쟁을 불러일으켰다. 샌더스는 자신의 트위터에 "제대로 된 사회라면, 우리는 공공장소에서 모유수유 하는 여성들을 결코 낙인찍지 말아야 한다"고 글을 올렸고, '버니를 위한 가슴Boobs for Bernie'이라는 지지 구호도 등장했다. 반면 2011년 모유수유에 대해 혐오 발언을 한 적 있는 공화당의 유력 대선 주자 도널드 트럼프는 역풍에 시달리게 됐다.

미국을 비롯한 외국에서는 공공장소에서의 모유수유 문제가 오랜 논란거리다. 2014년 영국 런던의 한 호텔에서 모유수유를 하던 30대 엄마 루이스 번스가 호텔 측으로부터 가슴을 가릴 것을 요구받았다. 호텔 측이 다른 손님들을 위해 "신중하게 행동하라"고 요구한 것인데, 이는 모유수유가 누군가를 불쾌하게 만든다는 인식에서 나온 것이어서 소식을 알게 된 엄마들이 분개하며 호텔 앞에서 단체로 모유수유를 하는 시위를 벌이기도 했다. 영국은 공공장

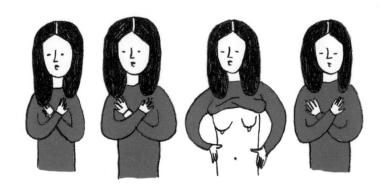

소에서 모유수유를 하는 여성을 내쫓지 못하도록 하는 평등법을 채택하고 있다.

2011년 캐나다 몬트리올에서도 한 매장의 어린이 놀이장소에서 모유수유를 하던 섀넌 스미스가 매장 측으로부터 수유를 중단할 것을 요구받았다. 스미스가 이 사연을 블로그에 털어놓아 세상에 알려지자, 캐나다뿐만 아니라 미국에서도 수많은 엄마들이 분노했다. 이후 스미스는 공공장소에서의 모유수유를 상징하는 인물이 되기도 했다. 미국과 유럽의 많은 엄마들은 공공장소 모유수유가 보호받아야 할 모성의 권리라고 보고 있다.

미국에서는 공공장소 모유수유에 대해 아예 법률로 정하고 있는 주가 많다. 물론 각 주마다 관련 법 조항은 다르다. 그중 '모성은 우선적으로 보호받아야 한다'는 인식 아래, 장소에 구애받지 않고 모유수유를 할 수 있는 곳은 노스캐롤라이나, 메릴랜드 등에 한정된다고 한다. 반면 대부분의 주에서는 공공장소에서 여성의 가슴을 드러내는 것이 품위 없는 행동이라는 인식에 기반해 공공장소 모유수유를 제한하고 있다. 최근 통과되지는 못했지만 유타 주에서 공공장소 모유수유를 하는 여성에 대한 차별을 금지하는 법안이 발의되는 등 여론의 변화가 일어나고 있다고 한다.

한국은 관련법은 없지만, 공공장소에서의 모유수유가 늘 논란이다. 엄마들이 많이 모이는 포털 카페에는 잊을 만하면 "공공장소에서의 모유수유, 어떻게 생각하세요?"라는 글이 올라오곤 한다. 댓글로는 찬반 논쟁이 뜨겁다. "어떤 장소에서 해도 상관없다. 얼마나 아름다운 모습이냐"라는 찬성 입장과 "아무리 아기가 보챈다고 해도 최소한의 부끄러움을 알아야 한다"는 반대 입장이 팽팽하다.

하지만 우리 사회의 전반적 분위기는 공공장소에서 모유수유를 하는 것이 어려운 일이다. 구한말 한 외국인 기자의 시선으로 촬영된 흑백사진에서 젖가슴을 드러낸 채 길거리에서 모유수유를 하는 여성들의 모습이 '비非 문명'의 상징인 양 공개된 것을 본 기억이 난다. 현대의 한국사회에서 공공장소 모유수유는 문화적 금기 혹은 품위 없는 행동으로 인식되고 있다. 한 조사에서 한국의 엄마 10명 가운데 7명은 공공장소에서의 모유수유에 대해 "부끄럽다"고 답했다. 반면 미국이나 유럽의 경우 "자연스럽다"고 답한 엄마가 10명 가운데 6명에 달했다.

공공장소 모유수유에 대한 논란은 여성의 가슴이 가지는 여러 상징성 때문에 벌어진다. 현대 사회에서 여성의 가슴은 주로 남성에게 성적 흥분을 일으키는 신체의 일부로서 대상화된다. 타인에게 여성의 가슴을 드러내지 말아야 한다는 당위는 남성중심주의와 가부장적인 사고가 뒷받침하고 있는 셈이다.

때문에 여성 억압과 상품화를 거부하는 상징으로 가슴을 역이용하는 경우도 있다. 1960년대에는 브래지어를 여성의 몸을 억압하는 도구라 여겨 벗어던지고 불태우는 페미니스트들의 퍼포먼스도 있었고, 요즘은 억압과 상품화의 대상이 된 여성의 몸을 거꾸로 시위의 도구로 이용한다는 의미로 가슴을 노출한 채 시위를 벌이는 '토플리스Topless 시위'도 있다. 미국에서는 성 평등 캠페인의 일환으로 일상 속에서도 여성이 남성과 마찬가지로 상의를 탈의할 수 있게 하자는 '프리 더 니플Free the nipple' 운동도 확산 중이다. 공공장소 모유수유는 여기에 '모성'이라는 논점이 더해져 논란을 확장시킨다.

다시 한국으로 돌아와, 아이를 데리고 외출을 해보면 마음 놓고 수유할 수 있는 공간이 턱없이 부족하다. 수유할 곳을 찾지 못해 배고파 우는 아이를 안고 헐레벌떡 뛰었던 적도, 수유 공간이 마땅찮을 것 같으면 아예 외출을 포기한 적도 있다. 그럴 때 '아이가 분유를 먹는다면 좋을 텐데' 하고 생각해본 적은 있어도 '아무 데서나 수유를 해도 된다면 얼마나 좋을까'라는 생각은 미처 해보지도 못했다.

한국사회가 모유수유의 중요성이나, 배려받아야 할 존재인 아이와 엄마에 대한 인식 자체가 미진하기에, 나 스스로 아예 기대를 하지 않았던 것이다. 그러니 아기 엄마는 그저 집 안에 틀어박히는 게 속 편한 일이 되어버린다. 이렇게 보면 100여 년 전 구한말에 비해 공공장소 모유수유가 불가능해진 한국사회는 문명화된 사회라기보다 여성권이 오히려 퇴보한 사회가 아닌가 싶다.

여자들에게 "아이 낳으라" "모유수유하라"고 권장하면서도 정작 엄마들은 세상 밖으로 나올 수 없게 꽁꽁 묶어두는 이 사회는 얼마나 모순덩어리인가. 토플리스 시위나 공공장소 모유수유 시위를 할 용감한 페미니스트가 못 돼, 목소리 높여 외칠 말이 "수유실을 확충하라"는 것밖에 없다는 것이 머쓱할 따름이다.

넷

무알코올 맥주는
내 친구

밤 11시, 오늘 밤에도 맥주 한 캔을 딴다. 하루 종일 나에게 치대던 두 아기들은 모두 꿈나라로 떠났다. 완벽한 퇴근. 자유다. 모유수유하는 엄마가 제 정신이냐고 묻는 이도 있겠지만, 걱정 마시라. 이건 술이 아니라 '무알코올' 맥주이니.

무알코올 맥주는 주세법에 따르면 술이 아니다. 한국에서 주류란 알코올 도수 1도 이상의 음료를 말하는데, 이 무알코올 맥주는 1도 이하의 알코올 혹은 알코올 제로의 음료수다. 때문에 술이 아니라 '청량음료'로 분류된다. 하지만 톡 쏘는 알싸한 맛이 일반 맥주와 다를 바 없다. 제조 방법도 일반 맥주와 비슷하되 마지막 단계에서 알코올을 제거하는 과정을 거치기 때문에 취할 염려가 없다.

원래 술을 좋아하는 편은 아니었다. 알코올이 조금만 들어가도 얼굴이며 몸이 빨갛게 물들고, 술이 약한 편이어서 많이 먹지도 못한다. 그저 직업상 술을 자의반 타의반으로 먹어왔다. 기자 세계의 음주 문화가 괴팍한 편이어서 먹었다 하면 폭탄주였고, 주 5일 술 약속이 잡히는 경우도 허다했다. 술이 약한 나는 그때마다 '먹고 토하고 또 먹고'를 반복하며 스스로 몸을 혹사하곤 했다. 거의 '악으로 깡으로' 줄곧 마셔왔던 셈이다. 그러니 더욱더 술을 안 좋아하게 될 수밖에 없었다.

그러던 내가 지금 보니 '애주가'가 되어 있다. 술 못 먹는 걸 알기에 남편도 지금의 나를 보며 "술꾼이었네!" 하고 놀린다. 평소에는 같이 먹자고 해도 안 먹더니, 지금은 애들 잠들기 바쁘게 냉장고에서 맥주 캔을 따고 꿀떡꿀떡 마시는 게 어이가 없다는 거다. 그러게, 평소에는 그렇게 먹기 싫던 맥주였는데…. 왜 이리 맛있는 걸까?

무알코올 맥주에 대한 사랑은 나뿐만 아니라 주변 모든 아기 엄마들의 공통된 현상이었다. 아이를 낳고 100일 무렵이 된 엄마들은 어느새 하나둘씩 무알코올 맥주 예찬론자가 되어 있었다. '음주수유'를 했다며 농담을 하는가 하면, 다양한 무알코올 맥주 중에서도 어떤 브랜드가 입맛에 맞는다는 이야기도 늘어놓았다. 출산 100일 후면 좀 살 만해진다는 이야기가 되겠다. '백일의 기적'이라는 말도 있듯이 말이다. 나의 무알코올 맥주 사랑도 그즈음이었던 것 같다.

처음엔 이 음료에 정말 알코올이 단 한 방울도 들어 있지 않은지 의심스러워, 큰맘 먹고 사두고도 한동안 손을 대지 못했다. 실제로 주세법상 술이 아닐 뿐이지 1도 이하인 미량의 알코올이 함유되어 있는 경우도 있었다.

하지만 하루 한 캔 정도면 모유를 통해 아이에게 영향을 미칠 정도는 아니라는 사실을 알게 된 후엔 완전 마니아가 되었다. 수유를 하고 나면 유난히 더 갈증을 많이 느끼게 되는데, 무알코올 맥주를 마시는 첫맛이 그리도 시원하고 개운할 수가 없었다. 이제야 사람들이 왜 맥주를 마시는지 이해하게 되었다고나 할까. 좋아하는 브랜드의 맥주는 꼭 주문을 해서 배달을 시켜야 하는데, 품절이 되어

배달을 올 수 없다는 소식이 문자로 날아오면 마치 세상이 끝난 것마냥 절망스럽기도 했다.

사실 엄마들이 무알코올 맥주를 즐기게 되는 건 심리적 이유에서일 것이다. 아이 키우는 엄마, 특히 모유수유하는 엄마는 술을 마시면 안 된다는 당위에 소심하게나마 저항하고 싶었던 것이 틀림없다. 그래서 고작 하는 일이 무알코올 맥주를 진짜 맥주 마시듯이 꿀꺽꿀꺽 마셔대는 것이었다. 톡 쏘는 첫맛에 "캬아…" 하고 탄성을 지르며 코끝을 한번 찡긋하는 그 짜릿함. '나는 지금 나를 쉬게 하고 있다'고 스스로를 위로하는 일종의 의식인 셈이다. 그것조차 없었다면 하루 24시간 풀가동되는 엄마의 일상을 어찌 견뎠을까 싶다.

무알코올 맥주는 다시 디카페인 커피로, 당장 입지도 못하는 섹시한 원피스 구매하기로, 다시 오지 않을 연애의 시절을 그린 드라마 폐인 되기로 변주된다. 이 모든 소심한 일탈들은 모두 오롯이 나만을 위한 것이라는 공통점이 있다. 30여 년간 '나'로만 살아오던 내가, 어느 순간 '엄마'로만 살고 있다는 게 때론 낯설고, 외롭고, 도망치고 싶기도 한 것이 당연하지 않을까? 엄마도 사람이니까. 숨 좀 쉬고 살아야 하니까.

3장

엄마도 사람이다

하나

머리가 빠진다

오늘도 화장실 욕조 수챗구멍이 새까맣다. 요즘 들어 머리카락이 너무 많이 빠지는 탓이다. 머리를 감으며 샤워 한번 하고 나면 머리카락에 막혀 물이 잘 안 빠질 정도다. 씻고 나서 빠진 머리카락을 주섬주섬 챙겨 치우는 일은 그리 유쾌하지 못하다.

집 안은 흘러내린 내 머리카락으로 엉망이다. 하나 주웠다 하면 또 하나 보이고, 청소기로 밀고 나서도 곳곳에 숨어 있는 머리카락이 뻘쭘하니 누워 있다. 이제 기어다니기 시작한 둘째 아이는 내 머리카락을 배 밑에 깔고서 온 집 안을 돌아다닌다. 머리카락 청소하느라 정신이 팔리는 사이에는 첫째, 둘째 녀석 모두 뭐 때문인지 눈물바다다. 이거야 원, 머리 빠지는 것도 서러운데 애들까지 방치하게 생겼다.

남편에게 "머리카락이 너무 많이 빠진다"고 호소했더니 남편은 어느 날 스카치테이프를 들고 바닥을 청소했다. 쪼그리고 앉아 스카치테이프로 내 머리카락을 찍찍 찍고 있는 남편의 모습이 어쩐지 조금 안쓰럽다. 더불어 내 처지도 조금은 서글프다.

여성이 출산 후 100일이 지나면 머리카락이 급격히 많이 빠진다고 한다. 물론 일시적인 현상이기 때문에 시간이 지나면 자연스레 원래 상태로 돌아온다고는 하는데, 겪어보지 않은 사람이라면 이 미묘한 감정을 모를 것이다.

원래 머리숱이 적지는 않았기에 심각한 탈모 스트레스로까지 이어지지는 않고 있지만, 생전 처음 겪는 일이니 나름대로는 스트레스다. 집에 놀러온 여동생은 놀라며 "언니 머리숱이 3분의 1이 되었다"고 발언해 조용히 내 오장육부를 뒤집었다. 풍성하고 건강한 머리숱이 젊고 아름다운 모습의 상징일진대, 이제 나도 여자로서 매력이 다하는 건가 싶은 우울함이 밀려온 것이다. 아이 둘을 낳고 본격적으로 아줌마가 되어간다 싶은 것이 아주 씁쓸하다.

머리카락뿐일까. 출산 후 내 몸매를 쳐다보고 있으면 헛웃음이

막 나온다. 모유수유를 하면 살도 쭉쭉 잘 빠진다는데, 어찌 된 일인지 태어나 처음으로 본 몸무게 앞자리 수는 아래로 내려갈 생각을 않는다. 출산 3개월 만에 완벽 몸매로 돌아왔다는 연예인들의 이야기는 거의 사기에 가깝다고 봐야 마땅하다.

피부는 또 어떻고. 오늘도 어제는 못 보던 기미가 눈 밑에 하나 더 내려앉은 듯하다. 스킨만 발라도 족하던 피부가 이제는 아이크림, 수분크림 없이는 유지가 안 될 것 같다. 전에 몰랐던 '기능성'화장품의 중요성을 심각하게 깨닫는다.

내 나이 서른여섯. 두 아이를 낳고 나서 정신을 차려보니 외모가 너무나 많이 달라져 있다. 나름대로 외모에 평균 이상의 신경을 쓰고 살았다고 생각하건만, 이제 나는 예전과는 아예 다른 사람이 되어 있는 듯하다.

어느 날, 첫째 아이가 인지 능력이 발달하면서 사진 속의 인물들이 누구인지 알아맞히기 시작했다. 가족과 가까운 친척들의 얼굴과 명칭을 정확하게 알아맞히는 게 너무 기특해 대화를 나누며 행복한 시간을 만끽하던 때였다.

"이건 누구야?"

"아빠."

"요건 누구야?"

"음~. 할머니!"

"그럼 이건?"

"이~모~!"

이런 앙증맞은 문답을 주고받으며 물고 빨며 예뻐하고 있는데, 얼마 지나지 않아 녀석은 나에게 크나큰 충격과 좌절을 안겨주었다. 결혼 전 내 나름의 '리즈' 시절, 해외 출장을 간 내 모습이 담긴 사진을 무심코 보여줬을 때다.

"이 사람은 누구게?"

"…?"(씨익)

곰곰이 생각을 해보던 아이가 내 얼굴을 쳐다보며 '누군지 모르겠다'는 표정으로 멋쩍게 웃는 것 아닌가. 아이들은 거짓말을 하지 않는다. 그러니까 다른 사람들은 사진 속 모습과 현재 모습이 일치하지만 나만, 오로지 나만 다른 모습이라는 거다.

외모의 변화뿐만 아니라, 몸 곳곳도 고장이 나고 있다. 포대기 육아법에 감화를 받은 나는 이후로 줄곧 내내 생각만 나면 아이를 업어주었는데, 이것이 나에게는 심각한 문제를 불러 일으켰다. 산후조리가 미처 다 끝나지 않은 몸으로 아이를 줄곧 안고 업다 보니 무릎 관절에 이상이 생긴 것이다. 앉았다 일어서거나 조금 오래 걸으면 무릎이 시리고 삐꺼덕거리는 통에 한동안 "아이고" 소리를 달고 다녀야만 했다.

결국 참고 참다가 한약을 한 재 지어먹기로 결심을 했다. 건강 체질이던 내가 한약을 먹은 건 임신 중 아이를 위해 먹은 일 외엔 거의 30년 전 일이다. 어린 시절 밥을 안 먹는다고 엄마가 지어준 한약 말고는 건강상의 이유로 한약을 먹은 일이 없으니까. 한약의 힘인지, 시간의 힘인지는 모르겠으나 다행히도 첫째 아이가 돌을 지나고 좀 걸어다니기 시작하자 무릎 아픈 것은 괜찮아졌다.

하지만 무릎이 정상 궤도에 올라선 지 얼마 안 되어 나는 또 둘째 아이를 임신하고 출산했다. 그리고 지금도 여전히, 무릎 아프던 일을 까맣게 잊고 둘째 아이를 업은 채 밥도 하고 설거지도 하고 청소도 한다. 예전 같으면 열 일 제쳐두고 빠지는 머리카락과 푸석해진 피부 복원에 애썼을 텐데, 이제는 안중에도 없다. 엄마가 되더니, 내가 봐도 내가 좀 이상해진 것이 확실하다.

둘

산후우울증에 대하여

둘째 아이를 낳고 백일이 채 지나지 않아 나는 자발적으로 '거실에 TV 없애기' 프로젝트에 돌입했다. 동생이 생겨 엄마가 좀 소홀해진 틈을 타 첫째가 TV를 심하게 찾기 때문이었다. 아침에 눈을 뜨자마자 "타요!"를 외치는 지경에 이르자, 유아기에 폭풍 성장한다는 뇌세포가 더이상 증식하지 못할 것이란 걱정에 휩싸였다. TV를 감금(!)하고, 그 자리엔 대신 책장을 꺼내놓기로 했다.

변화는 바로 나타났다. 우선 TV를 시청하는 절대적 시간이 줄었다. 물론 책이며 장난감이며 집 안의 모든 놀 거리들을 헤집어놓고 나서도 심심해 할 땐 결국 TV를 찾게 되지만, 눈앞에 보이지 않는

것만으로 그 정도는 덜해졌다. 평소 TV에서 흘러나오는 광고 소리가 집 안의 배경 음악이 되는 것이 정말 싫었는데, 그런 광경도 우리 집에서 사라졌다.

그런데 하나 더 만족스러운 것이 있다. 바로 내 만족감이다. 거실을 서재처럼 꾸미니 당장 책을 꺼내 읽을 시간은 부족하더라도 그득한 책들을 보고 있으면 기분이 좋아진다. 그동안 TV와 아기 용품, 장난감으로 가득 차서 어수선했던 거실 공간이 차분한 북카페처럼 변신해, 마치 나를 위한 새로운 공간이 만들어진 기분도 든다.

몸이나 마음이나 '건강'이라면 자신 있었던 나지만, 아이를 둘 낳고 하루 종일 육아에 매달리다 보니 어느새 많이 지쳐 있었다. 흔히 말하는 산후우울증이 나에게도 찾아왔는지, 혼자서 아이 둘과 씨름할 때면 알 수 없는 우울감이 밀려오곤 했다. 아이들을 보고 있으면 행복했지만 무조건적인 돌봄을 필요로 하는 두 아이들에게 끝없이 내어주기만 하는 일은 고된 일이었다. 그러다 보니 '앞으로 나의 인생이란 것이 존재할 수 있을까?' 하는 우려와 두려움도 생겼다. '거실의 서재화'는 나를 위해 스스로 처방한 우울증 약이기도 했던 셈이다.

여성들은 출산 후 3개월 내에 어느 정도의 우울감을 겪는다고 한다. 이에는 급작스러운 호르몬의 변화처럼 신체적인 이유도 있고, 변화한 환경에 대한 부담감이나 사회로부터의 고립감 등 심리적인 이유도 있다. 출산이라는 생애 큰일을 치렀으니 여러 가지 변화가 생기는 것은 당연한 것이고, 여성의 산후우울감은 무척 자연스러운 현상이다.

그런데 이를 바라보는 사회의 시선은 그리 곱지 않다. 산후우울증에 대한 이야기는 "산후우울증을 앓던 여성이 자신의 아이를 살해했다" 식의 끔찍한 뉴스로 접하게 되는 경우가 많다. 극단적인 사례를 떠들썩하게 보도하는 미디어로 인해 산후우울증은 마치 병적 질환처럼 인식되는 게 다반사다.

무엇보다도 여성에게 무조건적인 모성을 강요하는 전근대적인 사고방식은 여성을 고립시키는 주범이다. "아무리 힘들어도 엄마니까 견뎌야 한다"는 식의 주변의 시선과 엄마 스스로의 강박은 그렇지 못한 자신을 자책하게 하고 더욱 우울하게 만든다. 산후우울증을 언급하면 "유난 떤다" "너만 애 키우냐"는 날선 시선이 돌아오는 분위기도 한몫을 한다. 때문에 많은 여성들이 우울감을 혼자서 감내하며 극복하는 게 현실이다.

돌봄 노동의 가치를 저평가하는 사회의 인식 역시 여성의 마음을 할퀸다. 아이를 낳은 여성은 출산한 그 순간부터 '엄마'로서의 정체성을 최우선으로 삼아야 하지만, 육아는 가사와 함께 가정에서 이루어지는 노동으로서 부가가치를 창출하는 사회적 노동과는 구분되고 무시받는다. 그러면서도 아이를 누군가에게 맡기고 일터에 나가는 여성에게는 '비정한 인간'이라는 시선이 돌아오니 엄마들은 이래도 저래도 억울한 마음이 들 수밖에 없다.

요즘 엄마들은 이른바 '가방끈 긴' 여성들이다. 그동안 자신의 성공과 성취만을 바라보며 일생을 살아온 여성들에게 엄마라는 이름은 갑자기 들이닥친, 준비되지 않은 낯선 책임과 의무다. 자아도 지키고 싶고, 엄마로서의 역할도 잘해내고 싶은데 이것이 당최 쉬운 일이 아니다. 옛날처럼 대가족 안에서 육아를 도와줄 누군가가 있는 것도 아니고, 아파트처럼 이웃과의 왕래가 부족한 주거 환경에서는 주변의 도움을 구하기도 어렵다. 출산휴가와 육아휴직을 마음 놓고 쓸 수 없거나, 임신과 출산으로 인해 고용 불안을 겪는 현실은 여성을 더욱 고통 속으로 밀어넣는다. 가족이나 사회 시스템으로부터 육아의 짐을 나눠질 수 없는 '독박 육아'를 하는 여성들의 심적 고통은 커질 수밖에 없다.

365일 24시간 엄마로 살기 시작한 이래로 늘 갈증을 느꼈던 것은 육아나 가사 외에도 나 자신이 사회적으로 쓸모 있는 존재라는 것을 확인할 수 있는 이벤트였다. 사회로부터 단절된 상황에서 밀려오는 상실감을 위로받고 싶었던 것이다. 그런 욕망은 공부를 하거나, 책을 쓰거나, 하물며 쇼핑을 하는 행위로까지 이어졌다. 내가 사회와 유기적으로 연결된 존재임을 자꾸만 입증하고 싶었던 것이다.

하지만 역시 그중 최고는 사람들을 만나는 일이었던 것 같다. 두 아이를 키우면서 가장 절실했던 것은 육아에 대한 이야기를 나누고 소통할 수 있는 누군가였다. 아이를 돌보는 나의 수고로움에 대해 인정해주고 공감해줄 수 있는 사람 말이다. 출산 후 남편이 집 안일을 거의 도맡아 하다시피 했는데도 정작 내가 가장 힘든 때는 아이를 먹이고 재우는 일 등 '엄마'의 영역에 대해 남편과 공유하지 못할 때였다.

의외로 첫째 아이가 다니는 어린이집 선생님, 하원 후 놀이터에서 만나는 또래 엄마들, 엄마들의 인터넷 커뮤니티 등 그리 가깝지 않은 관계를 통해서도 그 욕구는 일부 해소되었다. 나처럼 육아휴직을 하고 아이를 키우는 비슷한 입장의 동료나 선후배를 만나는 일은 가장 설레고 신나는 일이었다. "입장의 동일함이 관계의 최고의 형태"라는 고故 신영복 성공회대 교수의 말처럼, 그저 같은 입장에 서본 사람을 마주하는 것만으로도 내 마음은 다소 위로가 되었다.

어린이집을 확충하고 공공도우미를 늘리거나 보육 기관의 돌봄 시간을 늘려 사회가 보육의 일부를 함께 나누는 일도 필요하지만, 고립된 육아를 하는 현대 여성들에게 소통의 기회가 주어지는 공공의 장이나 네트워크가 필요하다는 생각이 든다. 인생을 살아가는 데 필요한 지혜는 위대한 성현에게서 얻을 수도 있지만, 사람과 사람 사이의 관계와 질문 속에서 피어나기도 하는 것이다.《엄마의 탄생》의 저자 안미선은 "여성들이 서로 공통적인 경험을 논의하고 문화적, 사회적 관습과 제도를 바꾸어나가는 주체가 되도록 네트워크가 이뤄져야 한다"고 말한다.

아직 그런 사회적 시스템이 충분치 않다 보니 엄마들은 지역 사회에서, 인터넷 공간에서 커뮤니티를 형성하고 서로 이야기를 나누며 공유와 공감의 공간을 만들고 있다. 이들은 생활의 영역에서 확장해 사회와 정치의 문제로까지 인식의 폭을 넓히고 목소리를 낸다. 외로운 엄마가 아니라 연대하는 여성으로서 만날 때, 우리는 보다 의미 있는 존재로 다시 거듭난다.

육아로 씨름하는 여성들이 열린 공간에서 만날 수 있는 많은 기회가 있으면 좋겠다. 그러면 남몰래 참아가며 산후우울증을 앓지 않아도 되고, 가족과 사회로부터 응원을 받으며 육아와 가사에 매진할 수 있고, 일과 가정 사이에서 갈팡질팡하지 않고 자신의 인생을 살아도 되는 세상과 보다 가까워질는지 모른다. 거실을 서재로 바꾸는 작지만 행복한 변화처럼, 의미 있는 변화들을 함께 만들어내며 우리 자신들도 치유할 수 있다면 얼마나 좋을까.

셋

민원왕이 되다

내가 사는 아파트는 꽤 대단지다. 약 4,000세대가 살고 있는데, 별별 사람들이 다 있다. 세상에 내 맘에 쏙 드는 사람들하고만 살수 있나 싶어, 희한한 사람을 보아도 어지간하면 그런가보다 하고 넘어간다. 다 내 정신건강을 위해서다.

하지만 지난여름에는 내 정신건강을 해칠 정도로 해괴한 이웃이 있어서 노이로제에 걸릴 뻔했다. 더위 때문에 창문을 열고 지내는 날이 많은 여름, 아침 밤낮으로 성악 연습을 해대는 한 여인이 있었기 때문이다. 노래하는 사람이야 고매한 취미 생활로 여길지 모르지만 듣는 이웃에겐 아름다운 음악도 시끄러운 소음에 불과하다. 연습 시간도 거의 일정해서, 아침 9~11시와 저녁 8~10시 정도에 노래를 불렀는데 거의 알람 수준이었다.

두 아이를 키우는 엄마 입장에서 바깥의 소음은 공포 그 자체다. 일정한 시간에 아이들이 낮잠도 자고 밤잠도 자야 할 텐데, 그 시간에 외부에서 방해공작을 편다면 애써 재우는 엄마의 노력이 모두 헛수고가 된다. 낮에는 에어컨을 켜고 창문을 닫으면 그만이지만, 선선한 밤에는 창문을 열고 아이를 재우다가 어김없이 성악 연

습 소리에 아이가 깨곤 했다. 그 순간마다 나의 분노 게이지는 최고조로 높아졌다.

참다못해 관리사무소에 전화를 했다.

"여기 1단지 106동 △△△호 입주민인데요. 104동에서 106동 사이 어딘가에서 누가 매일 성악연습을 하는데 아주 죽겠어요. 몇 호인지는 모르겠는데, 노래 부르는 시간이 일정하니 그때 한번 현장에 나오셔서 항의 좀 해주시면 안 되겠어요?"

관리사무소 직원은 황당해하며 나의 불편에 공감을 해주면서도 "정확한 동호수를 모르니 달리 조치할 방도가 없다"고 말했다. 예상했던 바지만 적잖이 실망스러웠다. 나라도 나서서 확성기로 "그만 좀 하라"고 소리를 지르거나 집집마다 벨을 눌러가며 확인해야 할까 싶었다. 관리사무소 직원이 이렇게 주인의식이 없어서야, 원. 갑자기 화가 울컥 치밀었다.

"아니, 오죽했으면 이렇게 민원을 넣겠습니까? 현장에 와보면 심각성을 알 것 아닙니까? 지금도 하고 있다고요. 지금 당장 와보면 알 것 아닙니까! 이렇게 안일하게 대처한다면 관리사무소가 왜 있어요?"

세게 나가자 이에 움찔한 관리사무소 직원은 결국 현장에 '요원'

을 투입하기로 했다. 나와 남편은 요원이 도착하기 전에 연습소리가 끊길세라 현장을 주시하며 합동작전에 돌입했다. 남편은 바깥에 나가 소음의 진원지 가까이에서 대기를 하다가 요원이 도착하자마자 재빨리 인수인계를 했다. 나는 집 안에서 이 상황을 지켜보며 관리사무소와 연락을 취했다.

작전은 대성공. 출동한 요원은 정확한 동호수를 파악하고 재빨리 뛰어올라가 주민들의 민원 사항을 전달했고, 이후 이름 모를 여인의 성악 연습 소리는 사라졌다. 완벽한 팀워크가 빛나는 순간이었다. 남편과 나는 무언가 대단한 첩보 작전을 공동 수행한 스파이들처럼 뿌듯한 마음으로 하이파이브를 나누었다. 그리고 아파트의 고요함을 만끽했다.

그런데 내가 이런 동네 민원에 참견하는 게 이번만이 아니었다. 무언가 조그만 불의나 불편한 상황이라도 생기면 참지 못하고 문제 해결을 위해 발 벗고 나서는 게 버릇이 되었기 때문이다. 그 범위는 불친절한 동네 상가의 서비스 문제에서부터 첫째 아이가 다니는 어린이집의 운영 문제 등 주로 갖가지 동네일과 생활 영역의 문제들로 집약되었다. 아이들과 내내 붙어 지내면서 집과 동네만 오가는 '집순이'가 되었으니 당연한 일이다. 그렇게 육아휴직 반년

만에 나는 점차 '동네 민원왕'이 되어가고 있었다.

이곳저곳에 민원을 하면서 내가 자주 하는 말은 이런 것들이었다. "대체 책임자가 누굽니까?" "근본적인 해결을 위해 필요한 것은 뭐죠?" "이게 결국 제도의 허점 때문에 벌어지는 일인가요?" 진지해도 이렇게 진지할 수가 없다.

가만히 보면 나는 민원을 넣으면서 그동안 잃어가고 있었던 '기자 정신'을 분출하고 있었다. 기자로서 취재원에게 끝도 없이 질문을 하던 시절과 똑같이 취재를 하고 있었던 것이다. 때론 당장 나와는 이해관계가 없는 일임에도, 이해할 수 없는 불합리한 상황이 발생하면 문제의 구조적 원인을 알아내기 위해 전화기를 붙들고 담당자를 '쪼는' 일도 더러 있었다. 근본적인 이유를 확인하거나 해결의 실마리를 찾으면 은근한 성취감이 밀려왔다.

그러다 정신을 차려보면 조금 무안해지기도 했다. 회사에 있을 때 항의 전화를 하는 독자들이 나와 같은 방식으로 자신의 궁금증을 해소하거나 스트레스를 푸는 경우를 많이 보았는데, 내가 꼭 그 모습과 닮아 있었기 때문이다. 내가 '진상' 민원인의 표본이 되어버린 것은 아닐까 걱정도 됐다. 한편으로는 기자로서 잃어가고 있는 자아를 이렇게라도 찾으려 하는 것인가 싶어 스스로에게 좀 짠

한 마음도 들었다.

하지만 어쩌겠는가. 이게 다, 내가 엄마가 되었기 때문인 것을. 엄마가 되지 않았다면 이렇게 본격적으로 생활인으로서 밀도 높은 삶을 살아보지 못했을 것이고, 엄마가 되지 않았다면 작은 불편과 불의에 굳이 나서서 시정을 요구할 필요도 없었을 것이다. 아이를 키우는 엄마는 내 아이를 위해서라면 나도 모르게, 아무리 작은 문제라도 예민하게 반응하고 신속히 해결하기 위해 적극적으로 나서게 된다.

수습기자 시절, 한 인간을 이만큼 강하게 단련시키는 훈련이 또 있을까 생각한 적이 있었다. 그런데 다시 생각해보니 기자로서 엄마가 되는 일만큼 강도 높은 훈련도 없겠다 싶다. 세상 누구보다 치열해지고, 어느 누구도 무섭지 않고, 아무리 힘들어도 버티고 일어설 힘이 가득해지는 정신력으로 '무장'되기 때문이다.

그러니 이 글을 읽는 여러분도 앞으로 민원 넣는 엄마들을 우습게보지 말길 바란다. 큰 코 다치는 수가 있다. 엄마는 강하다.

넷

쇼핑의 지혜

계절이 바뀌었다. 새 옷을 살 때다. 여자들은 철이 바뀌면 옷을 산다. 지난해 같은 계절에도 분명히 여러 벌의 옷을 샀던 기억이 있다. 하지만 늘 그렇듯 '입을 만 한' 건 없다. 옷장은 꽉꽉 차 있지만 어쩐 일인지 당장 입을 옷이 없는 것이다. 단언컨대, 이에 동의하지 않는 여성을 본 적이 없다. 옷들은 모두 어디로 사라지는 걸까? 이건 인류가 존재하는 한 풀리지 않을 미스터리일 것이다.

엄마가 되기 전엔 여동생이나 친한 여자 친구와 쇼핑을 다니는 게 낙이자 스트레스 해소법이었다. 서너 시간씩 대형 쇼핑몰이나 백화점의 옷가게 수십 곳을 돌아다니며, 스타일이 어떻다는 둥 색

깔이 어떻다는 둥 심각하게 '논평'을 주고받는 일만큼 재미난 일도 없었다. 그러다 결국 손에 고작 티셔츠 한두 벌만 쥐고 돌아오더라도 상관은 없었다. 그저 마음 맞는 여성 동지와 함께 농밀한 공감의 시간을 보냈다는 게 중요했기 때문이다.

하지만 지금의 나는 발품 파는 쇼핑의 낙을 완전히 잃었다. 두아이 때문에 동네 슈퍼에 한번 나가려 해도 큰마음을 먹어야 하는게 내 현실이다. 그렇다고 섣부른 절망은 금물이다. 인터넷 쇼핑의세계가 나를 기다리고 있다.

결혼 전에도 인터넷 쇼핑은 꽤 했었다. 바쁜 회사 생활을 하면서쇼핑하러 나가기는 여간 어려운 일이 아니었다. 그때는 실패도 많이 했다. 스몰, 미디움, 라지 혹은 44, 55, 66 등으로 여성의 체형을단순하게 구분지어 놓은 기성복에 내 몸을 맞추기란 쉽지 않았다.게다가 사이즈도 브랜드마다 미세하게 달라서 어떤 브랜드는 55사이즈가 맞았지만, 다른 브랜드는 66 사이즈도 작아 반품을 해야하기도 했다.

돌아보면 그런 실패들은 진정한 절실함이 없기 때문에 벌어진일들이었다는 생각이 든다. 그때는 인터넷이 아니더라도 마음만먹으면 언제든 쇼핑을 할 수 있었다. 그러나 지금은 인터넷이 아니면 옷을 살 수가 없다. 아이들 잘 때 애써 컴퓨터를 켜서 고르고 주문하고 결제하는 수고도 대단한 노력을 요하므로, 일단 사야겠다고 마음을 먹으면 완벽하게 실행에 옮겨야 한다. 적확한 판단과 신속한 행동력이 수반되어야 성공적인 쇼핑의 길로 나아갈 수 있다는 것을 나는 잘 알고 있다. 결제 버튼을 누르기까지, 퇴로를 끊고 전장에 나서는 파부침주破釜沈舟의 각오를 다질 정도로 비장하다. 사이즈 선택의 실패 따위? 있을 수도 없고, 있어서도 안 된다.

그러나 첫째 아이를 낳고 아직 부기도 다 빠지지 않은 몸을 하고서 어렵사리 구입한 쇼핑의 결과물들은 처참한 신세에 놓였다. 실용성은 생각지 않고 당장 예뻐 보이는 옷만 줄곧 샀기 때문이다. 결국 지금 내 옷장에는 무려 3년 전 사둔 유행 지난 드레스들이 처치 곤란한 상태로 그득그득 쌓여 있게 되었다. 어떤 옷을 입어도 '기-승-전-아기띠'로 귀결되는 아기 엄마 패션에 드레스가 웬 말이냔 말이다.

둘째 아이를 낳은 후엔 이런 우를 또다시 범하지 않겠다는 각오로 실용적인 쇼핑의 길을 걷기로 했다. 선택의 기준은 아이 돌보기에 편안한 옷인지 여부였다. 예쁜 옷들을 보며 현혹되다가도 '이걸 언제 입겠냐'며 스스로를 자제시켰다. 그래서 다음으로 쟁이게 된

옷은 편안한 롱 원피스였다. 최소한의 여성미를 유지하고픈 몸부림이었다.

그러다 롱 원피스도 그다지 실용적이지 못하다는 사실을 깨닫는 데엔 오랜 시간이 걸리지 않았다. 결국 이제는 철마다 색깔과 두께, 길이만 바꿔가며 루즈핏 티셔츠와 레깅스, 고무줄 바지를 주문한다. 이제 루즈핏 티셔츠에 레깅스 바지는 아예 내 유니폼이 되어가고 있다.

재미있는 건 이게 나만의 이야기는 아니더란 거다. 최근 아이를 낳아 키우는 친구들과 쇼핑 이야기를 하다 보니 모두들 '정장 원피스 → 롱 원피스 → 레깅스'로 이어지는 나와 똑같은 전철을 밟고 있었다. 수많은 엄마들에게 레깅스가 교복과 다름없는 아이템이 된 이유는 여기에 있다.

더이상 인터넷 쇼핑을 하면서 결코 실패하지 않는 경지에 이른 것은 곧 내가 진정한 아줌마로 거듭났다는 의미일 것이다. 이걸 갖고 쇼핑의 지혜를 터득했다고 좋아해야 할지 모르겠다.

엄마가 된 후 가장 큰 욕구불만에 시달리는 것이 바로 여자로서의 자신을 잃어가는 일이다. 피부며 몸매며 외모가 엉망이 되는 것도 서럽지만, 시간과 노력을 들여 스스로를 가꿔볼 기회조차 얻지 못하는 것은 서글프다. 계절이 바뀌면 새 옷을 사거나 머리 스타일을 바꾸고, 손발톱에 네일 케어를 받으며 기분 전환을 하는 일은 아예 불가능해졌다. 선배 엄마들은 "아이들이 좀더 크고 나면 다 가능하니 힘내라"고 위로하지만, 언제 그날이 올까 싶다.

둘째 아이 출산 후 나만의 외출은 그리 평화롭지 못했다. 첫 외출은 병원행이었다. 모유수유와 스트레스로 인해 목을 삐끗하는 바람에 정형외과에서 물리치료를 받아야 했기 때문이다. 그때 나는 할아버지 할머니들 틈바구니에서, 철지난 '8090' 유행가가 흐르는 물리치료실에 누워 나만의 시간을 만끽했다.

한번은 미용실에 갔다가 머리를 자르다 말고 집으로 뛰어온 적도 있다. 머리카락이 너무 많이 자라 큰마음 먹고 둘째 아이가 자는 틈을 타 나간 건데, 한 시간도 채 안 돼 아이가 깨서 울기 시작했기 때문이다. 앞서 말했듯 젖병을 물지 않는 녀석이라 엄마가 없으면 잠시도 가만있지 못했다. 남편은 버티다 못해 에스오에스를 쳤고, 나는 머리를 반쯤 자르다 말고 집으로 뛰어갔다. 나는 며칠간

쥐가 파먹은 듯 머리카락이 어정쩡하게 잘린 채로 지내야 했다.

공중목욕탕에서 목욕하다 말고 호출되어 나온 일도 있다. 친정 엄마에게 잠든 큰 아이를 맡겨놓은 채 출산 후 처음으로 목욕탕에 갔는데, 주인아주머니가 묵은 때를 열심히 밀고 있는 나를 애타게 찾았다. 잠에서 깬 아이가 울며불며 나를 찾자, 당황한 친정 엄마가 목욕탕으로 전화를 걸었던 것이다.

자지러지게 울고 있을 아이 생각에 모든 것을 던져버리고 헐레벌떡 뛰어가면 아이는 언제 그랬냐는 듯이 방실방실 웃으며 놀고 있곤 했다. 미처 못 마치고 온 일을 생각하면 아쉬울 법도 한데, 웃고 있는 아이를 보면 그저 다행이다 싶어 가슴을 쓸어내렸다. 오히려 두고 나간 일이 미안해지기만 했다. 그래서 결국, 나는 당분간 아이를 두고 밖에 나가야 하는 일은 아예 포기했다. 여자로 살기를 잠시 유보한 채 엄마로서만 살기로 마음먹은 셈이다.

그래도 내 안에서 숨어 꿈틀대는 '여자'는 어쩔 수가 없나보다. 지금도 내 단골 인터넷 쇼핑몰 장바구니에는 입지도 못할 섹시한 원피스, 고급스러운 퍼Fur 코트, 아찔한 하이힐이 쌓여 있다. 언젠가, 아기띠를 벗어던지고 멋진 모습으로 거리를 활보할 그 언젠가를 기대하면서 말이다.

다섯

엄마는 '몰링' 중

'맘충'이라는 말을 듣고 경악했다. 엄마Mom라는 단어에 벌레 충蟲
자를 합성한 단어. 말 그대로 무 개념 엄마들을 지칭한다. 공공장
소에서 자신의 아이가 잘못을 해도 제재하지 않고 아이 편만 들거
나, 타인을 불쾌하게 만드는 일에도 사과는커녕 아이를 방치하는
엄마들을 가리킨다.

최근 만연한 '○○충'이란 용어는 특정 계층을 벌레에 빗대어 비
하하는 말이다. 이 말은 배려가 필요한 약자들을 혐오와 멸시의 대
상으로 짓밟기 위한 용도로 사용되는 경우가 많다. 대상을 집단적
으로 싸잡아 매도한다는 점에서도 무척 폭력적이다. 그 폭력의 대

상이 불가침의 영역으로 여겨져 왔던 모성으로까지 향하고 있다는 사실은 적잖은 충격을 준다.

맘충이라 불리는 몰지각한 엄마들의 이기적인 행동의 예는 이런 것들이다. 다른 사람이 식사하는 식당에서 아기 기저귀를 간다든지, 그 기저귀를 치우지 않고 식탁에 올려둔 채 그냥 나온다든지, 혹은 공공장소에서 시끄럽게 떠들고 타인을 방해하는 아이를 그냥 방치한다든지…. 결국 타인을 배려하지 않고 제 아이만 감싸고도는 '진상' 엄마가 맘충 취급을 받는다.

그런데 관련 기사를 읽다 흠칫 놀랐다. '나도 맘충인가?'라는 생각이 들었기 때문이다. 실은 나도 식당에서 아이 기저귀를 간 적이 있다. 남편과 아이 둘을 데리고 동네 식당에 밥을 먹으러 갔는데 기저귀가 찬 아이가 보채기 시작했다. 마침 화장실도 밖에 있었고 기저귀교환대도 없는 낡은 구식 화장실이었다. 어쩔 수 없이 남들에게 보이지 않는 구석자리에서 빛의 속도로 기저귀를 갈고, 갈고 난 기저귀는 가방 속에 넣어 집으로 가져왔다.

솔직히 그때 내겐 선택지가 없었다. 아이 둘을 데리고 씨름하느라 식사 준비할 시간은커녕 장볼 시간도 없어 우리 집 냉장고는 텅텅 비어 있었다. 지칠 대로 지쳤지만 끼니는 때워야 했기에 아이들과 함께 찾아간 식당인데, 마침 기저귀가 차서 일촉즉발인 아이를 어쩌란 말인가.

　그래도 누군가 내게 욕을 하겠다면 그냥 맘충 소리를 들을 수밖에. 하지만 좀 억울하다. 아기와 함께 외출을 하면 현실적으로 크고 작은 민폐를 끼치게 되기 마련이다. 하지만 이건 뭐, 요즘 세상에서는 애 키우는 엄마는 밥도 먹지 말라는 소리인가 싶다. 무정한 사회 같으니라고.

　실제로 요즘엔 아이와 동행하는 손님은 아예 들이지 않겠다며 '노 키즈 존No Kids Zone'을 선언한 식당들이 늘고 있다. 오죽하면 그러겠느냐는 생각도 들지만, 엄마로서 서운한 마음이 드는 것은 사실이다. 타인에게 조금이라도 민폐를 끼치는 존재라면 아예 세상 밖으로 나오지 말라는 이야기로 들려서다. 그건 노약자나 장애인 등 사회적 배려를 받아야 하는 이들에게 차별의 눈빛을 보내는 것과 다름없는 편협한 시각이 아닐까?

　엄마가 된 이후로 외출할 수 있는 곳이 현격히 줄어들었다. 결혼 전이나 아이가 없을 때엔 맘 편히 드나들던 카페나 레스토랑은 이제는 아예 갈 생각조차 할 수 없는 꿈의 공간이 되어버렸다. 어쩌다 그런 곳에서 아이와 함께 식사를 하게 되면, 나오기 전 물티슈

십 수 장을 꺼내 더러워진 식탁과 바닥을 쓸고 닦은 뒤에야 나오게 된다. 민폐 맘충 소리를 들을까 싶어서다.

　첫째 아이를 낳은 후 처음으로 친구를 만난 곳은 백화점이었다. 엄마 껌딱지가 된 아이와 함께 외출을 하려면 생각할 게 한두 가지가 아니었다. 기저귀를 갈 수 있는 공간이 마련된 곳인지, 밥을 먹이려면 아기 의자를 제공할 수 있는 식당인지, 날씨가 너무 춥거나 더우면 아이가 지내기에 적당한 냉·온방을 하고 있는 공간인지…. 그런 조건들을 충족시키는 곳은 몇 군데로 압축된다. 백화점, 대형 마트, 대형 쇼핑몰, 혹은 키즈카페 정도다.

평일 한산한 시간에 백화점이나 쇼핑몰에 가보면 엄마들이 유모차에 아이들을 데리고 돌아다니는 모습을 심심찮게 볼 수 있다. 대형 쇼핑몰에서 쇼핑을 하고 식사를 하고 놀이를 즐기는 행위를 '몰링Malling'이라고 부르는데, 엄마들은 단연코 이 몰링 열풍의 주역일 수밖에 없다.

밖에 나가보면 엄마들의 편의를 봐줄 만한 곳이 별로 없다. '몰'이 아니면 엄마가 아이를 돌보기 불편할 뿐만 아니라, 가게 주인이나 다른 손님들의 눈치를 봐야 한다. 감사하게도 몰은 엄마들의 불편함을 쏙쏙 골라 배려한다. 엄마들은 어쩔 수 없이 몰로 향한다. 더 많은 소비를 부추기기 위해서라는 것을 알면서도 엄마들은 그 정도는 감수하고 지갑을 연다. 돈으로 공간을 사는 셈이다.

때로는 "집에서 애나 보지, 뭐하러 유모차를 끌고 나오느냐"는 핀잔도 들린다. 지하철 엘리베이터에 유모차를 끌고 타려면 사람들의 눈총을 받기 일쑤다. 실제로 남성들이 많이 모이는 인터넷 커뮤니티 사이트에는 엄마들의 유모차 이용에 대해 비판하는 글도 적지 않다. "옛날 엄마들은 아이를 안고 업고 잘도 다녔는데, 요즘 엄마들은 왜 남에게 불편을 끼쳐가며 유모차를 사용하느냐"는 거다. 그런 말을 하는 사람들은 반드시 아기띠에 아기를 안거나 가방에 벽돌 10킬로그램을 짊어진 채 몇 시간씩 돌아다녀보길 권하겠다.

　엄마로 사는 일은 때론 갑갑하고 외롭다. 말 한 마디 통하지 않는 아기와 씨름하는 일이 영원할 것만 같은 막막함, 사회로부터 잊혀져가는 듯한 고립감, 그 괴로운 심정을 누구도 이해해주지 못할 것 같은 외로움…. 밖에 나가서 햇볕이라도 좀 쬐면, 유행하는 패션이나 음악이라도 좀 접하면, 남이 해주는 밥을 사먹기라도 하면 그 고생을 좀 잊을 수나 있겠는데 현실은 외출다운 외출 한번 하기도 쉽지가 않다.

　아이를 낳고 몇 년간, 제대로 된 외출은 꿈도 못 꾸었다. 기껏해야 동네 슈퍼나 어린이집 등·하원길, 혹은 가까운 공원 정도가 전부였던 것 같다. 아이를 돌보느라 제대로 가꾸기는커녕, 말끔히 씻고 나갈 수나 있으면 감사하게 생각할 일이었다. 그 꼴로 아이까지 데리고 번화한 곳에 외출을 했다가는 영락없이 맘충 신세가 되기 십상이다.

　결국 나 역시 가장 마음 편하게 외출할 수 있는 곳은 각종 몰들이 되었다. 주차비라도 아끼기 위해 마트에서 주스 한 통, 백화점에서는 속옷이라도 한 장 사게 된다. 당장 필요한 소비냐 아니냐는 크게 중요치 않다. 애 엄마라고 차별받거나 따가운 눈총에 시달리지 않아도 되는 게 어딘가. 엄마들은 소비를 통해 잠시라도 인간적인 외출의 달콤함을 보상받는다. 맘충이라는 비난의 시선을 받을까 두려운 마음의 짐도 벗어버릴 수 있다.

엄마들에게 맘충이라는 이름의 굴레를 씌우는 것은 과연 무엇일까. 엄마들의 몰지각한 민폐 행동일까, 엄마들을 민폐스러운 존재로 낙인찍는 사회의 시선일까. 자신에게 당장의 작은 불편과 손해를 끼친다는 이유로 더욱 고생스러운 오늘을 살고 있는 타인을 조금도 배려하지 못하는 이 사회의 옹졸함에 가끔 화가 치민다.

오늘도 복잡한 쇼핑몰을 헤매며 '몰링'하던 나는, 유모차를 밀고 있는 같은 처지의 엄마들을 지켜보면서 씁쓸한 입맛을 다셨다. 나도 '핫 플레이스'에서 '힙'하게 놀고 싶다고! 쩝.

4장
아이 키우기는 돈, 돈, 돈

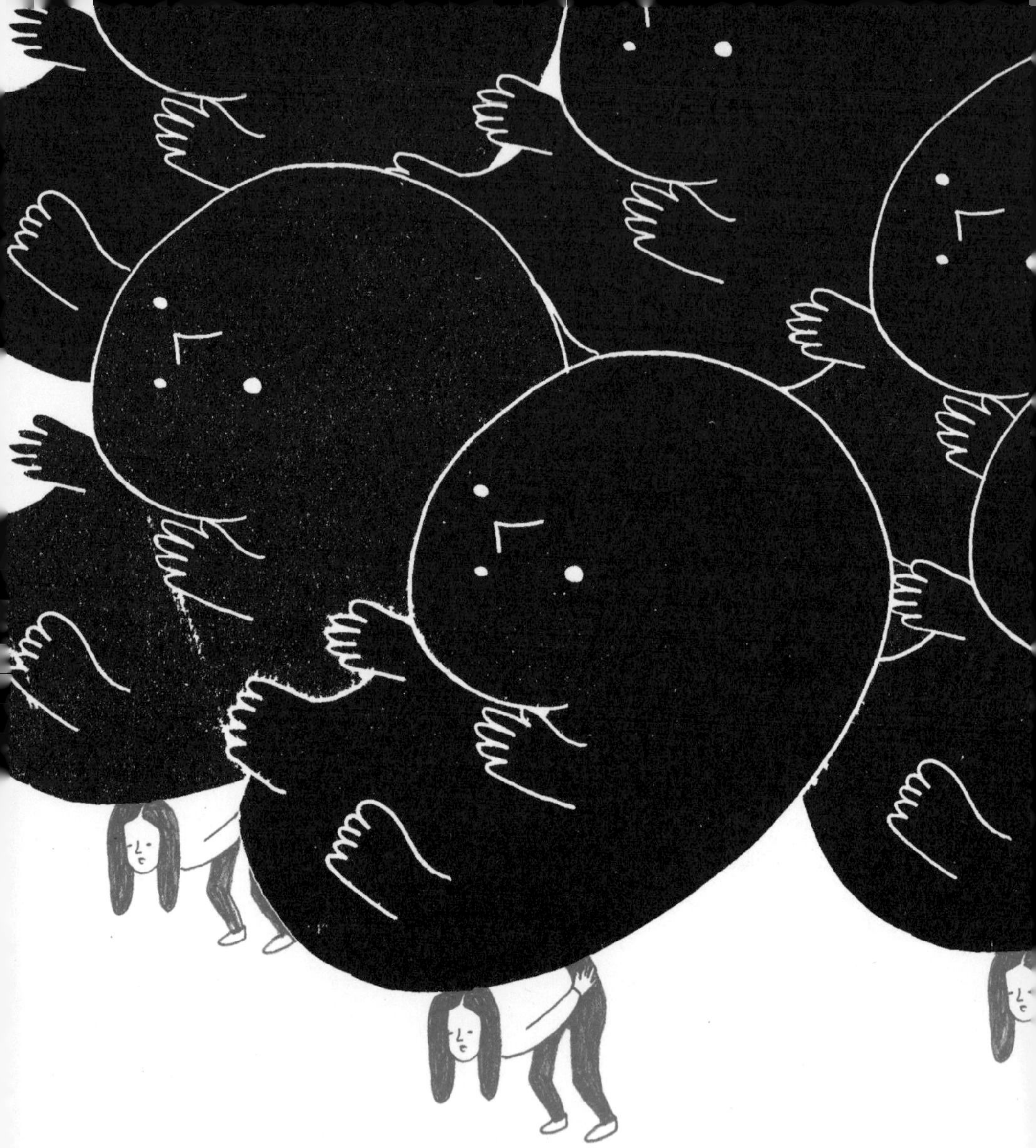

하나

돈 주고
놀이터 가는 세상

첫째 아이는 요즘 늘 뛰어다닌다. 에너지를 주체 못하는 월령인데다 남자아이라서 정신이 하나도 없다. 높은 곳에도 곧잘 기어 올라간다. 그러다 보니 떨어지거나 넘어지기도 일쑤다. 시간이 쌓일수록 녀석의 무릎에는 영광(!)의 상처가 하나둘씩 파이고 있다.

하지만 나는 아이가 넘어진다고 해서 일으켜주지 않는다. 어떤 엄마들은 조금만 다치거나 상처가 나도 난리법석을 떨던데, 누가 보면 무심한 엄마처럼 보일 수 있겠다 싶을 정도로 '쿨'하게 대처한다. 한번은 놀이터에서 아이가 넘어지자 "괜찮아. 손 탈탈~"이라고 말하며 앞에서 지켜보기만 했는데, 어떤 오지랖 넓은 한 아줌마가 달려와 우리 아이를 일으켜주기도 했다.

그렇게 하는 건 나름의 철학이 있어서다. 나는 아이가 걷기 시작할 때부터 다짐했다. '아이가 넘어졌다고 호들갑 떨며 달려가 일으켜 세우는 엄마가 되지 말자'고. 이유는 여러 가지다.

첫째, 보호자가 문제에 너무 크게 반응하면 아이는 실제보다 상황을 더욱 심각하게 여기기 때문이다. 나는 아이가 당면한 어려움에 동요하지 않고 늘 평정심을 유지하는 사람이 되기를 바란다.

둘째, 어려움에 처했을 때 극복하는 방법을 아이가 스스로 터득하기를 원해서다. 아이는 살아가면서 수많은 어려움을 겪을 것이다. 그때마다 당황스럽고 두렵겠지만 담담히 받아들일 수 있고 이겨내는 과정 자체를 즐기는 사람이 되었으면 좋겠다고 생각한다.

셋째, 살아가면서 생길 수밖에 없는 상처를 자연스레 받아들이는 연습이 필요하다고 생각하기 때문이다. 상처 하나 없는 인생을 사는 사람은 없다. 그러나 상처가 나고 끙끙 앓더라도, 결국엔 그것을 이겨내는 과정에서 아이의 면역력이 한껏 높아지길 기대하고 있다.

이런저런 거창한 이유로 나의 '일으켜주지 않기'는 3년 가까이 계속되고 있다. 물론 걷기 시작한 아이와 처음으로 함께 놀이터에 나간 날에는 나 역시 노심초사하며 아이의 발걸음 하나하나에 온 신경을 곤두세웠다. 그러나 이내 깨달았다. 넘어지거나 상처가 나는 것에 날을 세우는 것은 정작 아이가 아니라 엄마라는 사실을. 아이는 그저 새로운 세상이 신기해서 무작정 달려들고픈 호기심 어린 존재였고, 걷다가 넘어지는 정도의 어려움은 아이에게 그리 대수롭지 않은 일이었다.

하긴 이런 생각이 쓸데없는 것일지도 모른다. 요즘 놀이터에서는 좀 넘어진다고 해서 큰 상처가 생기지도 않는다. 모래밭은커녕 작은 돌멩이조차 없기 때문이다. 새로 짓는 아파트 놀이터나 공공 놀이터에 가보면 죄다 바닥이 우레탄이어서 푹신푹신하기만 하다. 조경을 위해 꾸며놓은 나무 아래에 찔끔찔끔 돌멩이들이 놓여 있긴 하지만 늘 제자리를 얌전히 지키고 있다. 엄마들이 못 만지게 하기 때문이다. 그러고 보면 조금이라도 위험하거나 더러운 것을 못 참는 요즘 엄마들은 아이들이 '무균실'에서 자라길 바라는 것 같다는 생각도 든다.

하지만 그렇게 아이를 키우다 보면 오히려 아이의 면역력은 '제로'로 떨어질 수밖에 없을 것이다. 아동문학가이자 놀이터 디자이너인 편해문은 "아이들은 놀다가 다칠 권리가 있다"고 말한다. 너

무 안전해서 지루하기만 한 놀이터는 오히려 아이들에게 위험한 공간이 될 수 있다는 것이다. 작은 위험에 노출되고 그것을 이겨내는 잦은 경험들은 그래서 중요하다. 작은 위험도 경험해보지 못한 아이들은 세상의 수많은 위험 요소와 마주할 때 무방비 상태로 무너진다.

그럼에도 엄마들은 왜 아이들을 무균실에서 키우려 할까. 2014년 한국사회에 씻을 수 없는 트라우마를 안겨준 세월호 사건은 그 이유를 설명해준다. 우리는 세월호를 통해 한국사회에서 안전과 생명의 문제가 너무도 하찮게 취급받고 있음을 확인할 수 있었다.

엄마들은 일일이 나서서 내 아이의 안전과 생명을 지키기 위해서 용을 써야만 한다. 그렇게 하지 않으면 아무도 내 아이를 지켜주지 않으리라는 불안과 불신이 우리를 휘감는다.

세월호 이후에도 안전에 대한 철학을 찾아볼 수 없는 것은 마찬가지다. 세월호 해법으로 해경을 해체하는 요상한 방식이 다른 곳에서도 반복 변주됐을 뿐이다. 세월호 이후 신설된 국민안전처는 전국 놀이터를 대상으로 안전검사와 개·보수를 의무화하는 '어린이 놀이시설 안전관리법'을 시행하고 나섰는데, 결과적으로는 수많은 놀이터들이 폐쇄되었다. 위험하다고 판단되면 개선하고 보수하는 것이 아니라, 아예 없애버리고 마는 무자비한 결정이다. 이후 아이들은 뛰어놀 공간을 잃어버렸고, 폐쇄된 놀이터를 서성대며 더욱 큰 위험에 노출되기도 한다.

바깥 놀이터가 위험하고 비위생적이라는 인식은 아이들을 실내 놀이터나 대형 마트 속에 자리 잡은 알량한 '키즈카페'로 몰아넣는다. 부모들은 그곳에서 안심하고 아이들을 '놀리'지만, 정작 그곳조차 안전하고 깨끗한지는 확신할 수 없다. 잊을 만하면 어린이 놀이 시설에서 발생하는 안전사고에 대한 소식이 뉴스를 통해 전해오고, 아이들의 장난감에서는 늘 허용치 이상의 유해물질이 검출

되었다고 한다.

키즈카페의 아이들은 놀이를 통해 여러 도전과 경험을 하는 존재가 아니라, 그저 '손님'일 뿐이다. 놀 곳이 없어 돈 주고 놀이터를 사는 현실은 얼마나 비참한가. 키즈카페에서 몇 시간 놀려면 만원이 넘는 입장료, 비싼 식음료 비용 등에 몇 만 원은 우습게 깨진다. 이곳에서 돈을 쓰지 않으면 아예 존재할 수 없는 것처럼, 아이들은 아주 어린 아기 때부터 소비를 통해 노는 방법을 배우고 행복을 찾게 된다.

나 역시 아이를 데리고 키즈카페에 처음 갔던 날 "이런 신세계가!"를 외치며 좋아했지만 이내 좋은 방법이 아니라는 것을 깨달았다. 처음에야 갖가지 장난감과 놀이시설에 눈이 휘둥그레졌을 뿐, 아이는 시간이 갈수록 그곳에 흥미를 잃어가는 듯했다. 반면 동네 놀이터에서 아는 친구를 만나면 땀이 뻘뻘 나도록 웃으며 뛰어다니곤 했는데, 아이가 정작 즐거워하고 원하는 것은 따로 있음을 깨달았다. 솔직히 키즈카페는 아이들을 위한 것이라기보다는 아이들을 데리고 나온 엄마 아빠들을 위한 공간임을 고백하고 싶다.

오늘도 아이는 함께 산책하다가 혼자 뛰어가며 '철퍼덕' 하고 엎어졌다. 항상 아이를 일으켜 세워주지 않고 "괜찮다"고 말하다 보니, 이제 아이는 넘어져도 울지 않고 혼자 벌떡벌떡 잘도 일어난다. 내가 봐도 좀 아프겠다 싶을 때에도 씩씩하게 일어나 귀엽게 웃으며 손바닥을 탈탈 털어낸다. 바라건대, 아이가 위험을 두려워하지 않고 진정한 놀이와 모험을 찾아나서는 아이다운 아이로 자라나길 기도한다.

물론 나중에 더 커서 진지한 대화가 가능해지면 아이에게 "엄마가 일으켜 세워주지 않아서 서운했어?"라고 물어볼 참이다. 나는 그때 아이가 이렇게 대범하게 답해주기를 꿈꾸고 있다. "엄마도 참, 뭐 큰일이라고."

둘

국민 장난감의 세계

어디서 난 것인지 기억도 안 나지만, 우리 집 책장에는《똑똑한 육아 쇼핑 바이블》이라는 책이 꽂혀 있다. 나는 이 책의 도움을 꽤 많이 받았다. 이 책은 출산과 육아에 대해 전혀 알지 못하는 예비 엄마, 초보 엄마들을 위해 출산 준비 용품은 물론 아이의 발달 단계에 따라 필요한 장난감이나 교구, 육아용품 등을 상세하게 소개하고 있다.

내용을 들여다보면 이렇다. 생후 1~2개월이라면 흑백모빌이나 바운서, 3~4개월에는 아기체육관이나 놀이매트, 5~6개월은 소서나 점퍼루 등···. 아기의 월령에 따라 적합하다고 추천하는 장난감이나 교구 제품을 여럿 게재하고 있는 식이다. 책은 꼭 잡지의 광고 기사처럼 화려하게 편집되어 있다. 등장하는 제품은 대체로 아이 있는 집에 가보면 꼭 몇 가지 정도는 발견할 수 있는, 엄마들이 '국민 장난감'이라 부르는 것들이다.

나는 아이에게 무슨 장난감을 사주어야 할지 막막해서 자주 '국민 장난감'이라 불리는 것들을 사주곤 했다. 아이는 날마다 쑥쑥 자라서 항상 새로운 자극을 원하는데, 엄마는 아이 뒤치다꺼리에 허덕이느라 정작 제때 필요한 자극을 적절히 제공해주지 못하는 듯해 죄책감에 시달렸다. 그럴 때마다 국민 장난감은 게으른 엄마를 구원해주는 구세주와도 같았다. 최소한의 '면피'는 되기 때문이다.

아이를 둘이나 낳고서 이제와 고백하건대, 나는 아이의 발달과 성숙에 대한 지식과 이해가 턱없이 부족했던 것 같다. 인지발달 이론으로 유명한 장 피아제는 0~6세 사이의 영유아를 감각운동기와 전 조작기 등의 발달 시기로 구분했다. 감각운동기의 0~2세 영아는 오감을 이용해 주변 사물을 탐색해가는 시기이고, 전 조작기의 2~6세 유아는 지적 성장이 급등하는 시기다. 때문에 시기별로 그에 알맞은 장난감과 교구, 책 등으로 적절한 자극을 주는 것이 중요하다. 예컨대 감각운동기에는 오감을 자극하는 장난감, 전 조작기에는 소근육 운동을 활발하게 해줄 만한 교구 등이 필요한 식이다.

물론 현실은 책이나 이론처럼 명료하지 않다. 아이의 발달 정도는 일반적인 기준에 완전히 의존해 판단할 수 없고, 아이에 따라 발달 수준이 제각각일 가능성이 높다. 또 발달 시기별로 제때 정확한 놀잇감을 제시하는 것은 사실 무척 어려운 일이다. 엄마 아빠는 밖에서 일하느라, 집에서 가사일을 챙기느라 매일매일이 전쟁이다. 아이 장난감 고르는 데 많은 시간을 쓰기에 우리 어른들은 너무 바쁘다. 나도 유명한 장난감이니까 '언젠가는 갖고 놀겠지' 하는 마음에 구입한 적이 있고, 이곳저곳에서 선물로 받은 장난감이 많다 보니 정작 아이의 월령에 맞지 않아도 무작정 들이밀거나 특별히 더 좋아하고 관심 있어 하는 다른 놀잇감을 유심히 살피지 못한 적도 많다.

사실 반드시 완제품으로 만들어진 장난감만 놀잇감이 되는 것은 아니다. 생활 속 소품들도 아이들에게는 충분히 매력적인 장난감이 된다. 빈 물통에 쌀 몇 톨만 넣어도 짤랑거리는 마라카스가 만들어지고, 엄마와 함께 신문지만 북북 찢고 놀아도 아이는 즐거

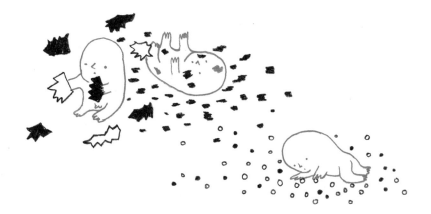

위한다. 세 돌이 되어가는 첫째 아이가 우연히 저금통에 동전 넣는 것을 집중해서 하는 것을 보았는데, 돌도 안 된 둘째 아이도 낑낑대며 오빠처럼 따라하려는 모습을 보고 깜짝 놀랐다. 알고 보니 저금통 놀이는 돌 전후에도 충분히 할 수 있는 놀이란다. 난 한 번도 저금통 놀이를 함께 해준 적이 없었는데….

그러니 나를 비롯하여 국민 장난감에 의지하는 엄마들은 조금 반성할 필요가 있다. 내 아이의 발달과 관심 사항에 조금만 더 주의를 기울인다면 겉으로 드러나는 아이의 작은 변화가 안으로는 얼마나 큰 소용돌이를 일으키고 있는지 알아차릴 수 있기 때문이다. 그리고 엄마는 그 변화에 걸맞게 적절한 자극을 건네면서 아이와 즐겁게 상호작용하는 것이 가능해진다. 굳이 국민 장난감에 기댈 필요가 없는 것이다.

국민 장난감을 만들어내는 것은 결국 남들과 비교하는 엄마들의 심리와 조급함 때문이 아닐까. 우리 아이가 뒤처질까봐, 남들해보는 경험을 못 해볼까봐 전전긍긍인 마음이 저변에 깔려 있기 때문이다. 남들과 비교해 우열을 가려가며 자신의 행복을 판단하는 심리가 결국 우리를 불행하게 하고 있음에도, 내 아이에게도 똑같은 방법을 고수하면서 초조해하고 있는 것이다.

한국인의 수면 시간이 세계 다른 나라 사람들에 비해 짧다는 것은 잘 알려진 사실이지만, 영유아의 수면 시간 역시 서구 국가 아이들에 비해 하루 1시간 이상이나 적다고 한다. 수면 습관이나 부모와의 동침 여부 등 여러 가지 원인이 있다고 하지만 그 이유에 대한 내 생각은 이렇다. 부모들이 아침 일찍 일어나 일터에 가서 온종일 일하고 저녁 늦게야 퇴근하기 때문이다. 하루 종일 엄마 아빠를 그리워하던 갓난아기들이 부모의 생활 리듬에 맞추다가 자연스레 잠을 덜 자게 되는 것이다.

바쁘고 치열하게 사는 것이 도를 넘어, 아직 너무 어린 아이들에게까지 팍팍한 어른들의 삶이 영향을 미친다 생각하니 조금 씁쓸해진다. 그러는 사이에 우리 아이들은 무엇인지도 모를 것들에 치여 바쁘고 조급하게, 내가 원하는 것이 무언지도 모른 채 남들 하는 거라면 일단 하고 봐야 직성이 풀리는 어른들의 방식대로 살아가고 있는 것이 아닐까 싶다.

인간은 누구나 자신만의 아름다움이 있고 개성과 강점이 있다. 몰개성한 어른들이 바쁘다는 핑계로 아이의 개성을 피울 기회를 찾아주지 못하는 것은 심각한 직무유기다. 하지만 부모들에게 직무를 유기하게 만드는 것은 단순히 부모 개인의 문제만은 아닌 듯하다. 수없이 많은 '국민 장난감'이 양산되는 한국사회에서 반드시 생각해볼 거리다.

셋

무슨 놀이 세트가
이렇게 많아

어린 시절 '이러다 죽겠구나' 생각했던 적이 딱 두 번 있다. 첫 번째는 열 살 때 아버지 고향인 시골의 강에서 사촌들과 수영을 하며 놀다 물에 빠졌을 때고, 두 번째가 비눗방울 놀이를 하다가다. 두 살 아래 여동생과 함께 주방세제에 물을 풀고 빨대를 잘라 비눗방울을 부는데, 갑자기 하늘 높이 방울을 불어보고 싶었다. 위를 바라보며 고개를 뒤로 젖혔다가 순간 세제를 한 움큼 들이켰고, 머리가 핑 돌더니 세상도 핑 도는 것 같았다. 그 충격적인 경험을 했던 때가 예닐곱 살쯤이었는데, 아직도 생생하게 기억날 만큼 비눗방울 놀이는 머릿속 깊이 각인되었다.

우리 세대에게 놀이란, 그렇게 주변에서 구할 수 있는 재료를 사용해 놀잇감을 직접 만들어 하는 것이었다. 인형 놀이를 하다가 인형 옷이 모자라면 도화지에 그림을 그리고 잘라 옷을 입혀 놀았고, 인형 가구가 없으면 못 쓰는 휴지갑을 잘라 침대도 만들고 화장대도 만들었다. 동네 골목에 나가면 곳곳에 흙과 돌멩이들이 널려 있으니 그것으로 소꿉놀이를 하며 밥을 지어먹고, 시장놀이를 하며 돈을 계산하기도 했다. 생각해보면, 그때는 그렇게 아무것도 없었는데도 어떻게 그 모든 것을 만들며 놀 수 있었는지 신기하기만 하다.

요즘 아이들이 노는 모습은 그 시절의 우리와는 많이 다르다. 아이들이 커가면서 우리 집도 여느 아이 키우는 집처럼 장난감에 '점령'당하고 있는 중인데, 그 면면을 살펴보면 30년 전의 내 모습과는 너무 다르다는 것을 실감한다.

우선 비눗방울 놀이를 위해 필요한 것은 세제나 빨대가 아니다. 비눗방울 전용 놀이 세트를 구입하면 그만이다. 나처럼 세제를 먹는 불상사가 있어도 위험을 최소화하기 위해서인지, 요즘은 비눗방울 전용 친환경 용액을 판매한다. 아이들의 피부에 닿아도 안전하고 독한 냄새도 없다. 빨대를 자를 필요도 없이, 전용 비눗방울

대(?)가 아주 잘 나와 있기도 하다. 구멍이 여러 개라서 한 번만 불어도 비눗방울 수십 개가 한꺼번에 나오는 것이 있는가 하면, 총처럼 방아쇠를 누르기만 하면 자동으로 분사되는 '버블 건'도 있다.

비눗방울을 싫어하는 아이가 있을까. 첫째 아이는 지난여름 이모가 사준 버블 건을 들고 신나게 뛰어다녔다. 그런데 온 동네에 비눗방울을 신나게 뿌리고 다니던 녀석은 한 시간도 채 되지 않아 시무룩해졌다. 비눗방울 용액이 다 떨어져서였다. 실망감에 울음을 터뜨린 아이에게 리필용 용액이 없어 더이상 비눗방울을 만들 수 없다는 것을 설명하는 것은 무의미한 일이었다. 아이에게 버블 건은 그저 '고장난 장난감'일 뿐이었다.

만약 비눗방울을 만들 수 있는 수많은 다른 방법이 있다는 사실을 아이가 알았다면 금방 울음을 그칠 수 있었을까? 처음부터 포장을 뜯어서 장난감처럼 가지고 논 것이 아니라, 엄마와 함께 비눗방울 놀이를 위해 만들고 준비하는 과정을 거쳤다면 좀 달랐을까?

요즘 아이들에게는 모든 장난감이 돈을 주고 사야만 하는 소비재다. 아이 장난감을 전문으로 취급하는 대형 장난감 마트에 종종 가는데, 처음 그곳에 갔을 때 완전히 새로운 세계를 만난 듯해서 혀를 내둘렀던 기억이 있다. 가장 놀랐던 것은 모래놀이 세트였다.

모래삽과 물뿌리개, 모래찍기 모형틀 등 모래놀이를 보다 흥미롭게 만들어주는 각종 도구까지는 이해가 됐는데, '모래' 그 자체가 상품이라는 사실은 좀 충격이었다. 손에 묻지 않는 친환경 색깔 모래가 킬로그램당 얼마에 판매되고 있었다. 집에서 제대로 모래놀이를 할 수 있도록 환경을 갖춰주려면 돈 십만 원은 우습게 깨지는 가격이었다.

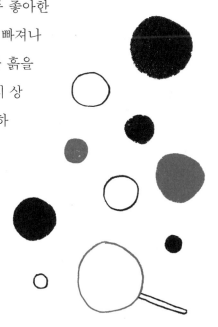

모래놀이 역시 아이들이라면 모두 좋아한다. 고사리 같은 손가락 사이사이로 빠져나가는 모래알을 관찰하거나 조물조물 흙을 뭉치며 촉감을 느끼는 것은 여러 가지 상상력을 불러 일으키고 오감을 자극하는 훌륭한 놀이다. 그런데 그 재미난 놀이를 일상 속에서는 자유롭게 할 수 없다. 요즘 집 밖 어디를 나가봐도 마음 놓고 모래놀이를 할 수 있는 곳을 찾는 건 하늘의 별따기다. 우레탄으로 모두 뒤덮인 아파트 놀이터에서는 흙을 만지기는커녕 찾아볼 수조차 없고, 돈 주고 키즈카페라도 가야 색색의 비싼 놀이용 모래들을 만져볼 수 있다.

재빠른 장사꾼들이 그 틈새를 놓칠 리 없다. 모래놀이 세트가 하나의 놀이 상품으로 등장하게 된 이상, 그 종류는 나날이 다양해지고 질과 함께 가격도 계속 업그레이드된다. 집이 넓어 베란다에 공간을 마련할 수 있으면 이런 모래놀이를 풀세트로 구입해 아이들이 놀 수 있도록 만들어주는 경우도 간혹 봤다. 그럴 공간적·경제적 여유가 없다면 모래놀이는 특별한 날 큰맘 먹고 즐겨야 하는 값비싼 놀이로 둔갑한다.

아이와 함께 그림을 그리며 놀고 싶어서 물감을 주문하면서도 씁쓸한 생각이 들었다. 내가 주문하려 했던 것은 유아용 붓과 물감 딱 두 가지였다. 그런데 찾아보면 볼수록 아이들의 미술놀이를 위해 개발된 놀이용품의 세계가 무궁무진했다. 유아용 물감이 친환경 원료를 사용해 조금 더 비싼 가격에 팔리는 것 정도는 이해가 되었는데, 물감을 그리는 도구로 붓만 있는 게 아니었다. 각종 캐릭터나 동·식물 모양이 있는 스탬프, 밀어서 표현하는 롤러 등 그림 도구의 종류도 다양했다. 알면 알수록 더 많은 도구를 사서 다양한 표현을 해보고 싶다는 충동이 일었다.

아이가 자랄수록 필요하다고 생각되는 놀이세트 장난감들은 늘어만 간다. 낚시놀이, 주방놀이, 병원놀이…. 아이가 세상을 이해하고 호기심을 갖기 시작하는 것이 많아질수록, 관심을 가질 때 적절한 놀잇감을 선물해주고 싶어서 그때마다 새로운 장난감을 사주게 된다. 더군다나 장난감을 고를 때마다 유명한 만화 캐릭터가 있는 것을 살 것인가, 없는 것을 살 것인가를 두고 고민에 빠지는 일은 무한반복된다. 큰 기능의 차이도 없는데 캐릭터 유무에 따라 가격은 두 배 가까이 차이가 난다.

여하튼, 그렇게 많은 장난감을 끊임없이 사는 와중에 드는 생각이 있다. '내가 오히려 아이의 상상력을 가로막는 것이 아닐까?' 한번은 아이가 내게 "엄마, 어디가 아파? 누워보세요"라며 빈손으로 병원놀이를 하기에 냉큼 병원놀이 장난감을 사준 적이 있다. 그런데 이상하게도 오히려 장난감을 사주고 나니 아이가 병원놀이에 흥미를 별로 못 느끼는 듯했다. 또 한 번은 집에 있는 자석 블록을 갖고 낚시하는 시늉을 하길래 또 냅다 낚시놀이 장난감을 사줬는데, 이번에도 낚시놀이 장난감은 며칠 동안만 열심히 만지더니 그다지 즐겨 찾지 않았다.

돌이켜보면, 아이가 무언가에 집중하거나 재미를 느끼며 열정을 보였던 때는 고정된 기능의 '완제품' 장난감을 만지고 놀 때가 아니었다. 자신의 상상력을 토대로 무언가를 새롭게 만들어 놀 수 있는 환경 속에서 더욱 흥미를 보였던 것 같다. 비눗방울 놀이 세트를 가지고 놀 때보다도 목욕을 하다 우연찮게 비누거품이 많이 뿜어져 나왔을 때 더 흥분했고, 모래놀이 장난감을 만질 때보다 동네 초등학교 모래밭에 놀러가서 마음 놓고 모래를 던지고 놀 때 더 즐거워했으며, 돈 주고 사서 찍는 미술 도장보다 엄마와 함께 잘라 만든 당근 도장이나 자기 손에 물감을 묻혀 그림을 그릴 때 더 신나했다.

　요즘 아이들은 원하는 웬만한 것은 다 가질 수 있다. 어른들의 세계에 실존하는 모든 것들이 아이들을 위한 장난감으로 상품화되어 있기 때문이다. 집집이 벤츠나 BMW 전동자동차 한 대쯤은 갖추고 있고, 초인종이 달린 주택 모형 장난감도 있다. 전동자동차의 모양이나 기능을 보면 진짜 자동차 못지않아 놀라울 정도다. 엄마 아빠들이 현실에서는 못 갖는 꿈의 차, 꿈의 집이 아이들의 비싼 장난감으로 탈바꿈해 부모의 꿈을 대리만족시켜주는 것인지도 모르겠다.

　그러다 보니 정작 아이들에게는 상상의 즐거움, 창의의 자유를 빼앗는 것이 아닌가 싶다. 사람의 창의성은 할 일이 없어 심심할 때 가장 많이 발현된다고 하는데, 요즘 아이들에게는 심심할 틈이 별로 주어지지 않는다. 아이들이 좋아하고 원하는 것이라면 무엇이든 완벽한 상품으로 척척 만들어 팔아주는 어른들 덕분이다. 이런 생각도 각종 놀이세트 장난감을 가득 사서 쟁여두고 나서야 하게 되다니, 놀이세트 장난감의 끊임없는 진화는 나 같은 '호갱' 엄마들 때문임이 틀림없다.

넷

유아 전집
'영사님'과의 조우

 두 돌이 지난 첫째 아이 손을 잡고 둘째 아이를 안은 채 아파트 단지를 거닐다 보면 종종 이름 모를 아줌마들의 '습격'을 받게 된다. 바로 유아 전집을 판매하는 '영사님'들이다. 무식한 소리 하나 하자면, 맨 처음 영사라는 호칭을 들었을 때 이게 은사님을 부르듯 높여 부르는 말이거나, 아니면 자격증 같은 것인 줄로만 알았다. 그런데 허탈하게도, 알고 보니 영사는 영업사원의 줄임말이었다.
 결국 '영업사원님'으로까지 불리는 이들의 정체는 주로 40~50대 아줌마들이다. 아이 한둘을 어느 정도 키워놓은 후 뒤늦게 영업직으로 취업시장에 발을 들인 이 중년의 여성들은 거칠 것이 없다.

한번 눈이라도 마주치면 차마 뿌리치지 못하게 만든다. 처음 보는데도 아이에 대한 신상은 물론이고 아파트 어느 동 몇 호에 사는지, 연락처까지 알아내는 막강한 정보 수집력을 갖췄다. 이후엔 줄기차게 '러브콜'이 이어진다. 한번 찾아뵙겠다, 아이 모의수업을 해주겠다, 새로 나온 '신상' 책이 있다….

사실 나는 아이에게 전집을 사주지 않고, 직접 서점에 가서 아이가 흥미로워하고 좋아하는 단행본 책을 함께 골라 읽어주겠다는 나름의 독서 교육 철학을 갖고 있었다. 갑자기 방대한 양의 전집을 들여 책꽂이에 꽂아두면 아이가 흥미를 느끼지 못하고 책을 그저 '벽지' 수준으로 여긴다는 이야기를 많이 들어서다. 대신 아이가 좋아하는 단행본은 몇 십번이고 읽어달라고 해서 책 내용을 외우다시피 할 정도이니, 아이에게 행복한 독서란 바로 그런 것이라 생각했다. 또 책 한권 한권을 검토해보지 못하고 브랜드나 입소문만으로 비싼 전집을 산다는 것이 어딘지 께름칙했다. '들이다' '꽂아주다' '넣어주다' 등 엄마들이 자주 쓰는 전집 용어도 마음에 들지 않았다. 아이를 책으로 사육하는 듯한 느낌이 들었다고나 할까.

그러나 끊임없는 영업 전략에 휘말려버린 나는 결국 몇 명의 영사들을 집으로 불러와 '전집 강의'를 들었다. 처음에는 '내가 잘 모르는 세계이니 배운다 생각하고 알아보자'는 마음에서였다. 혹시 모를 상술에 넘어갈까봐 날선 비판 정신을 놓지 않겠다는 각오도 함께 다졌다.

만나본 영사들의 면면은 말로 다 옮기기 부족하다. 그들의 '말빨'은 혀를 내두를 정도다. 기자로서 말 잘하는 사람이라면 섭섭지 않게 만나본 나에게도 그들의 화법은 놀라운 수준이었다. 유명한 동서양 교육철학자들의 사상과 교육관, 유아의 발달 사항과 월령별 인지 능력 단계에 대한 전문적 지식, 대한민국의 교육 시스템과 학습 과정에 대한 폭넓은 정보 등으로 엄마들을 압박하는 솜씨가 보통이 아니었던 것이다.

수사학적 기교나 과장법은 또 어떻고. 한 영사는 자사의 제품을 소개하면서 격앙되고 감격스러운 표정으로 "어머님, 이건 바로 혁명이에요"라는 표현까지 써서 듣는 나를 경악케 했다. 또다른 영사는 우리 집 거실에 걸터앉아 책 전단지를 하나 둘씩 꺼내더니, 명랑만화 속의 한 장면처럼 전단지에 점점 파묻혀가며 약장수마냥 쉴 새 없이 떠들어댔다. 그 우스꽝스러운 모습에 속으로는 웃음이 났지만 모터를 단 듯한 그의 입을 막을 수 없어 끝까지 들어야만 했던 기억을 잊을 수 없다.

공포감 조장 능력도 대단하다. 이들이 공통적으로 이야기하는 것이 있는데, 바로 "아이를 위해 전 영역에 걸쳐 빈틈없이 투자해야 한다"는 것이었다. 만일 어릴 때부터 전 영역을 균형 있게 학습하지 못하면 나중에라도 어딘가 뒤처지는 분야가 생길 수밖에 없다는 엄중한 경고도 잊지 않았다. 이야기인즉슨, 만 3~5세 취학 전 아동들을 대상으로 국가가 제공하는 공통의 보육·교육 과정인 '누리 과정'의 영역을 책으로 빠짐없이 두루 체험하게 하라는 것이다. 누리 과정이란 신체운동·건강, 의사소통, 사회관계, 예술경험, 자연탐구 등 아이가 자라면서 습득해야 하는 다섯 개 분야의 기초적인 지식을 말한다.

이쯤 듣다 보니 아무리 단단히 각오하고 들어도 어느 정도는 무장해제가 되기 마련이다. 가만히 생각해보니 내가 아이 교육에는 무심한, 한심한 엄마가 되어버리는 기분이 든다. 그래, 당장 다 읽지 못하더라도 원할 때 언제든 읽을 수 있는 환경을 마련해줘야 하지 않을까? 지금 한참 인지 능력이 발달하고 있는데, 더 많은 것을 습득할 기회를 만들어주는 게 좋지 않을까? 영사들 앞에서는 나만의 교육철학이 번듯하게 있는 듯 자존심을 세웠지만, 머릿속에서는 온갖 반성과 계산이 이루어졌다.

　몇 주간 연이어 진행한 유아 전집 영사들과의 미팅(?) 후유증은 몇 달간 이어졌다. 유명한 전집이란 전집은 한번쯤 다 살펴보는, 유아 전집에 대한 진지한 연구와 고찰을 하는 기나긴 여정이 시작되었기 때문이다. 애들 책이라고 만만히 볼 게 아니었다. 흔히 말하는 메이저급 출판사의 수십만 원대 전집에서부터, 작은 출판사에서 만든 저가형 전집까지 그 종류와 질, 평가, 구입 방법 등에 대해 알아보는 일은 실로 방대한 작업이었다.

　알면 알수록 유아 전집의 세계는 끝이 없었다. 아이의 월령에 따라 필요한 전집의 종류도 어느 정도 정해져 있는데, 동화도 그냥 동화책이 아니라 창작동화, 생활동화, 인성동화, 과학동화 등 각종

'목적의식'에 따라 종류가 세분화되어 있었다. 교육열이 높아지니 상술도 덩달아 발달한 셈이리라.

판매 방법도 다양했다. 영사를 통해서만 구입할 수 있는 경우도 있었고, 많진 않지만 유아동 서적을 전문적으로 취급하는 서점도 있었다. 중고 유아동 서적을 전문으로 매매하는 인터넷 사이트도 있는데, 아이 키우는 엄마라면 절대 모를 수 없을 정도로 유명했다.

여러 경로를 통해 알아보면 볼수록, 비싸다고 꼭 좋은 책이라 단정 지을 수 없고 '저렴이' 전집 중에서 질 좋은 책도 많다는 사실을 알게 되었다. 그러자 일은 더욱 복잡해졌다. 책이란 책은 죄다 샅샅이 뒤지는 일에 매진해야만 했기 때문이다.

책 고르는 일이 그렇게 복잡하다 보니 아이들이 잠들기만 하면 나는 늘 컴퓨터 앞에 앉아 무슨 책을 고를지 고심하는 게 일과가 되었다. 그런데 나처럼 이런 고민을 하는 엄마들이 얼마나 많은지, 아이 독서교육과 관련한 엄마들의 정보 세계 역시 무궁무진하다는 것을 알게 됐다.

유아동 도서와 관련된 전문 블로그의 전집 후기 포스팅은 정말 입이 쩍 벌어질 정도다. 아이들 책 한권 한권에 대해 심리학적이고도 교육학적인 분석을 깊이 있게 해놓는데 진심으로 '존경'하는 마음이 피어오른다. 또 엄마들은 중고 전집을 잘 구매하는 노하우, 유아동 전문 서점에서 전집 구매하는 방법 등에 대해 치밀하고도 섬세한 정보들을 축적하고 있었다. 이 세계에 빠져들면 들수록, 아이와 함께 서점에 가서 단행본 책을 한 권씩 골라 읽힌다는 나의 생각은 어딘가 모르게 순진한 발상이었다는 자괴감마저 들었다.

이토록 거대한 유아 전집 시장을 형성하는 것은 갓난쟁이 때부터 시작되는 대한민국 엄마들의 뜨거운 교육열이다. 예전부터 우리 사회에서는 어느 대학 출신인지가 한 사람의 인생을 좌우했다. 그러나 교육열이 과열되면서 어느새 그 출신 기준은 고등학교, 중학교로 연령대가 점차 낮아지기 시작했다. 이제는 아예 영·유아 시절의 학습 경험으로까지 그 기준이 바뀐 듯하다.

사교육 업계는 교육 시장을 확대하느라 혈안이 되어 영·유아 시절에 접한 경험과 자극이 아이의 평생 학습 능력을 결정짓는다고 역설한다. 한 살이라도 어릴 때 책을 읽히는 것이 좋다는 신화가 받아들여지면서 신생아를 위한 교재도 나오는가 하면 '초初 조기 교육'이라는 말까지 생겼다. 부모들은 그렇게 조장된 불안감 때문에 이 영·유아 교육 시장의 대열에 합류한다.

뭐, 사실 나도 그런 엄마 중 한 사람이 된 셈이다. 결국 영사와의 미팅 후 석 달 만에 전집을 구매했기 때문이다. 시중에 나온 십 수 개의 전집들을 샅샅이 훑어본 끝에 29개월짜리 첫째 아이의 월령에 가장 적합하다는 '자연관찰' 전집과 '창작동화' 전집을 샀다. 자연관찰 전집은 가장 비싸고 유명한 출판사 것으로, 창작동화는 입소문이 난 '저렴이'로 샀다. 엄마가 된 후 내 물건은 제대로 비교하고 따져보지도 못하고 대충 사는데, 이런 열정이 어디에서 나오나 모르겠다. 요모조모 따져본 뒤 아이의 책을 고르고 나니 딴에는 '아이 책 고르는 법'에 대한 책도 쓰겠다 싶은 경지에 이른 기분이다.

그런데 막상 책을 구입해 책꽂이에 꽂아두고 나니 든 생각은 '돈값을 못하면 어쩌지?'다. 예전에 했던 걱정처럼 아이가 책을 벽지 배경처럼 여길까봐 전전긍긍하게 되는 거다. 그래서 틈만 나면 아이에게 새로 산 책들을 들이미느라 정신이 없다. 시장에 가서 수산물을 구경하고 온 날이면 문어와 오징어, 동물원에 갔다 온 날은 사자와 호랑이를 보자고 아이를 꼬드긴다. 아이는 맞장구를 쳐주기도 하고, 영 마음에 안 들면 자기가 좋아하는 책만 쏙쏙 골라 보기도 한다. 아이의 반응에 따라 내 마음은 이래저래 타들어간다. 벌써부터 아이 교육에 목매는 유별난 엄마가 되게 생겼다.

그래도 어쩌랴. 이미 카드값은 나갔고 백여 권의 책들은 아이의 책장에 '뽀대나게' 자리하고 있는 것을. 이제 내가 해야 할 일은 되도록 강압적이지 않게, 아이의 흥미를 이끌어내며 다양한 책을 즐기게 해주려고 최대한 노력하는 것일 테다. 마치 전쟁같이 복잡다단했던 전집 구매 입문 절차를 거치면서 한 가지 깨달은 바가 있다. 결국엔 엄마가 마음의 중심을 잡아야 한다는 것이다.

생각해보면 아찔하다. 세 살짜리 아이의 전집 하나 고르는 데도 이렇게 엄청난 에너지가 필요한데, 앞으로 아이를 교육하는 문제로 얼마나 많은 고민과 갈등을 겪어야 할까. 매 고비마다 시류에 따라, 유행에 따라, 입소문에 따라⋯. 엄마가 흔들릴 일은 앞으로도 무궁무진할 것이다. 하지만 그때마다 이래저래 휩쓸리며 선택하고 결정할 수는 없을 것이다. 엄마가 중심을 잡지 못한다면 아이 역시 늘 휘청거리게 될 것이기 때문이다. 걱정스럽지만 결국 답은 하나다. 어떤 난제가 들이닥쳐도 우왕좌왕하지 않고 갈 길을 가는 '멘탈갑' 엄마로 거듭나는 거다.

다섯

사교육이
판친다

첫째 아이보다 한 살 많은 딸을 가진 동네 아는 엄마가 고민을 늘어놓았다. 작은 가정어린이집에 아이를 보내다 보니 재미난 활동이나 학습이 너무 없어서 걱정이라는 것이다. 대안을 찾다가 '놀이학교'를 알아보았는데, 비용이 만만치 않더라는 이야기를 꺼냈다.

대한민국에서 두 아이를 가진 엄마로서 부끄럽지만(대한민국이 아니라면 부끄럽지 않아도 되리라 생각하지만), 나는 처음엔 놀이학교가 뭐하는 곳인지 몰랐다. 차마 무식한 엄마라 놀릴까봐 그게 뭔지 물어볼 용기도 안 났다. 나중에 알고 보니 놀이학교란 말 그대로 '놀이'를 시켜주는 유아 전문 사교육 기관이었다.

놀이학교는 일반적으로 4세 이상 아이들을 대상으로 오전 9시 30분부터 오후 2시까지 예·체능 혹은 사고력 학습 수업을 30~40분 단위로 연달아 하는 식으로 스케줄이 짜여 있다. 유아를 대상으로 할 수 있는 각종 사교육을 한데 모아놓은 종합선물세트 같은 개념이라 보면 된다. 때문에 엄마들 사이에는 "놀이학교 보내면 다른 사교육은 안 해도 된다"는 인식이 있다. 비용도 상당히 비싸다. 내가 문의한 곳만 해도 월 80만 원에 달하는 교육비가 들었는데, 웬만한 곳은 100만 원을 훌쩍 넘는 곳도 있다 한다.

이후 나도 어린이집 대안으로 택할 수 있는 교육 기관을 알아보다 놀이학교를 생각해본 적이 있는데, 결국 보내지는 않았다. 비용도 비용이지만 교사들이 아이들을 학생이 아니라 '고객'으로 대접한다는 이야기를 들어서다. 그래도 어린이집이나 유치원은 교육에 대한 신념이 있어서 잘잘못을 따지고 적당한 훈육도 하지만, 놀이학교는 사교육 회사이기 때문에 교육적 목적의 훈육을 기대하기는 힘들며 '안전 제일주의'로 아이들을 대한다는 것이다.

대한민국에서는 영·유아가 선택할 수 있는 사교육의 기회가 무척 많다. 엄마들이 많이 모이는 인터넷 카페에 가보면, 불과 20개월 남짓한 아이이게 어떤 사교육을 시켜야 할지에 대해 고민하는 엄마들의 글이 넘쳐난다. 무슨 암호같이 어려운 이름의 사교육 프로그램과 비싼 교구 이름들이 거론되고, 벌써부터 학습지도 선생님을 '붙이는' 문제를 상담하는 엄마도 있다.

사교육이 이르다 싶으면 '놀이 시터'를 고용하는 경우도 있다. 책을 읽어주거나 놀이 활동을 함께하는 일만을 전문으로 하는 놀이 과외 선생님 겸 베이비시터다. 아이가 무작정 놀지 않고 다양한 놀이방법으로 '골고루'(?) 놀면서 다방면의 학습 능력을 증진시키길 바라는 엄마들이 일반 베이비시터보다 특별히 가격을 더 매겨주는 노동인력인 셈이다.

특별히 사교육에 열을 올린다 생각해본 적도 없는데, 가만히 보면 나도 꽤 아이에게 사교육을 시켜본 엄마 축에 속했다. 집에만 있기 지루할 것 같아서 새로운 자극을 경험할 기회를 준다는 게 결국은 사교육이었던 셈이다.

첫째 아이가 8개월에 접어들었을 때부터 문화센터에 다녔다. 줄여서 '문센'으로 불리는 문화센터는 아이를 키우는 엄마들에게는 유일한 외출의 기회이기도 하다. 비슷한 또래 아이를 둔 엄마들끼리 어울릴 수도 있고 아이에게 다양한 감각을 경험하게 해주는 수업을 들을 수 있다는 이유로 육아의 필수 코스처럼 여겨지곤 한다. 보통 수유실과 유모차 대여 등 아기 엄마들에게 유용한 서비스를 제공하고 있는 대형마트나 백화점에서 강좌가 개설된다.

퍼포먼스 미술 수업을 듣게 하려고 알아보기도 했다. 3세 정도의 유아들부터 수업을 할 수 있는 퍼포먼스 미술 수업은 그림을 그린다기보다 물감이나 미술 재료를 갖고 자유롭게 노는 개념의 수업으로 엄마들 사이에 아주 인기다. 물감과 붓으로 마음대로 낙서를 한다든가, 요리 재료와 미술 재료를 섞어 촉감을 느끼며 논다든가 하는 식이다.

유아 학습지 수업도 시켜봤다. 매일 같은 장난감이나 책으로 노는 것도 한계가 있는 것 같아서, 새로운 선생님이 새로운 교재와 교구를 갖고 집에서 수업을 해보는 것도 좋겠다 싶어서였다. 학습지도 천차만별이었다. 수십만 원을 훌쩍 넘는 교재를 구입하면 교사를 '붙여'주는 대형 출판사의 학습지에서부터, 매월 3~5만 원선의 일정 요금을 내고 교사가 방문하는 학습지, 특별한 비용 없이 인터넷 회원으로 가입하면 컴퓨터로 출력해서 볼 수 있는 '엄마표' 학습지까지….

하지만 학습지는 한 달 해보고 그만두었다. 학습지 회사는 만 24

개월 정도만 되면 수업이 가능하다고 광고하는데, 내가 보기에 너무 어린 월령의 아이들에게는 무리인 것 같았다. 교재 자체가 놀이 형식으로 구성되어 있다고 안내했지만, 형식이 내용을 지배한다고 선생님이 마주 앉아 무언가를 가르치는 수업의 형태 자체가 아이에게 부담이 아닐까 싶었다. 유아 대상 수업은 길어봐야 20분인데 선생님은 정해진 '진도 빼기'에 급급한 인상을 받았다. 돌이켜보면 "엄마들이여. 뒤처지지 말라"며 학습지 회사가 조장하는 '공포심 마케팅'에 넘어갔었던 것 같다.

많은 엄마들이 '내가 아이를 잘 키우고 있는 것일까?'라는 은근한 걱정과 공포를 갖고 있다. 인터넷 카페에서는 "우리 아이, 놀려도 될까요?"라는 질문이 담긴 엄마들의 글은 흔하게 볼 수 있다. 엄마들은 지금 몇 개월짜리 아이가 학습지, 학원, 과외 등 몇 가지 사교육을 하고 있는 중에 이 정도면 뒤처지지 않게 아이를 잘 '돌리고' 있는지를 묻는다.

한 걸음 떨어져서 보면 엄마들의 병적인 교육열과 아이에 대한 집착이 도가 지나친 것 같아 보이지만, 한편으론 그 현실에 속한 입장에서 생각해보면 이런 요즘 엄마들이 이해도 된다. '헬조선' 한국에서 끝도 없이 경쟁과 생존 전쟁이 펼쳐질 게 뻔하기 때문이다.

그 속에서 우리 아이가 살아남으려면 얼마나 많은 투자와 노력을 해야 할지, 해도 해도 늘 불안할 수밖에 없는 게 현실이다. 슬픈 것은 아이가 명문대에 가거나 사회적으로 대단히 성공하길 바라는 욕심에서가 아니라는 점이다. 다들 내 아이가 그저 벼랑 끝에서 밀려나지 않고 '살아남기'를 바라는 마음에서 이 전쟁을 치른다.

아이의 일거수일투족을 다 챙길 수 없는 워킹맘이라면 더욱 그렇다. 더 많은 사교육에 투자하는 것만이 경쟁에서 살아남는 현실적이고 유일한 길이다. 학원에 가지 않으면 친구를 사귈 수도 없는데, 대한민국에서 아이를 키우면서 과연 어떤 대안이 가능할까? 쉽사리 답이 나오지 않는다.

강남에는 사교육 열풍을 주도하는 '돼지엄마'가 있다고 한다. 엄마 돼지가 새끼 돼지들을 끌고 다니듯, 여러 학부모를 몰고 다니며 고액 과외를 짜고 정보를 교환하는 열성엄마가 바로 돼지엄마다. 미혼 시절 이런 이야기를 들으면 삶의 목표가 아이일 뿐인 극성 엄마들이 한심하다는 생각을 했지만, 아이 둘의 엄마가 되고 보니 돼지엄마에 대한 경외심과 열등감이 먼저 튀어나온다.

이상하게 돌아가는 세상이라고 모른 척 살아갈 수도 없는 노릇이다. 고작 세 살 아이를 키우면서도 긴장감을 지울 수 없는데,

앞으로 얼마나 더 많은 고뇌와 번민에 휩싸여야 할까. 한숨만 짙어진다.

5장
엄마는 일하고 싶다

하나

우리 아이 맡아줄
어린이집 어디 없나요

첫째 아이 육아휴직 후 회사 복직과 아파트 이사, 그리고 아이의 어린이집 문제로 골머리를 앓았다. 인생에서 나름 중요하다는 숙제들이 동시다발적으로 다가온 셈이다. 그중에서도 가장 풀기 어려웠던 문제는 단연코 아이의 보육 문제였다. 잠시 서울로 올라와 아이를 돌봐주신 시어머님께서 내려가시기 전까지, 아이를 보낼 어린이집을 구하고 그곳에 적응시켜야 하는 문제는 우리 부부에게 가장 중요하고 심각한 과제가 되었다.

이사 온 아파트가 가장 마음에 드는 것은 회사와 가깝다는 점(아이가 비상 상황에 처할 때 바로 달려갈 수 있다는 점), 그리고 아파트 단지

마다 '구립 어린이집'이 개원한다는 점이었다. 국공립 어린이집은 보육의 질에서나 안전 차원에서 가장 믿을 수 있는 곳이라는 평가 때문에 1~2년은 거뜬히 기다려야 할 정도로 인기가 높다. 그런 구립 어린이집이 아파트 단지 내에 생긴다고 하니, '나는 참 행운아'라는 생각에 감사한 마음까지 절로 들었다.

그런데 막상 입주를 하고 구청의 어린이집 개원 공고가 나자, 나의 얼굴은 흙빛으로 변하고 말았다. 2013년생인 우리 아이의 연령에 해당하는 '만 0세반' 정원은 4,000세대가 사는 네 개 단지를 모두 합쳐 고작 열두 명. 한 단지당 세 명꼴이었다. 어린 영유아일수록 담임교사 한 명이 맡는 인원이 적기 때문이었다. 반면 입소 신청자는 정원의 다섯 배는 족히 넘는 수였다. 구립 어린이집만 믿고 있었는데, 아이를 보낼 수 없을 가능성이 커져 발을 동동 구를 수밖에 없었다.

어린이집 입소는 해당 가정 상황을 고려해 점수를 매기고 우선순위를 정한다. 맞벌이 부부, 국민기초생활 수급자, 장애부모의 자녀, 다자녀 가구 등 1순위 항목을 갖춘 가정의 아이를 우선 선발한다. 2순위자는 아무리 먼저 신청을 해도 1순위자보다 후순위로 밀리는 구조다. 단 1순위자 중에서도 여러 항목에 해당될수록 점수가 높아져 우선순위가 앞당겨진다. 동점자는 추첨으로 선발하게 되어 있다.

우리의 경우 맞벌이 부부라 1순위자이긴 했지만, 결과적으로는 추첨 기회조차 얻지 못했다. 1순위 항목이 두 개 이상인 고득점자가 정원을 훨씬 웃돌아 고득점자들만으로 추첨을 해야 했기 때문이다. 합격자(?) 및 추첨대상자 발표 날에는 마치 수험생 부모의 마음으로 하루 종일 전화기를 붙들고 있었지만, 밤 10시가 넘어 도착한 '탈락' 문자에 가슴이 철렁 내려앉았다. 이날 밤 허탈한 마음을 달랠 길이 없어 폭식(!)을 하기도 했다.

이후 입주자 카페는 어린이집 바늘구멍 뚫기에 실패한 부모들의 항의와 원망의 글로 넘쳐났다. 오갈 데 없어진 아이를 둔 맞벌이 부부들은 당장의 출근 문제를, 잠시 일을 쉬고 있던 엄마들은 재취업의 어려움을, 후순위라 입소 기회가 없는 부모들은 형평성 문제를 제기했다.

그러고 보면 주변에도 좋은 어린이집을 보내고 싶어하는 부모들은 많은데, 갈 수 있는 곳이 너무 없다는 불만이 많다. 수급이 맞지 않는 것이다. 우리 아이만 해도 태어나자마자 보육포털 사이트에 대기 신청을 걸어놓은 어린이집이 20곳 정도는 되지만 대기 순서는 늘 제자리걸음이다. 2014년 7월 기준으로 전국 4만 2000여 곳의 어린이집에 들어가려고 기다리는 인원이 46만 명에 달한다고 한다. 특히 국공립 어린이집에 들어가려면 2년은 기다리는 게 통상적이라고 하니, 보육 정책이 현실과 얼마나 어긋나 있는지 잘 보여준다.

엄마 아빠들은 발을 동동 구르며 아이를 맡아줄 보육 시설을 찾아 헤매는데, 정부와 관련 단체 간에는 '보육료 떠넘기기'로 3년 넘게 싸움을 하고 있다. 지방자치단체와 지방 교육청, 유치원·어린이집 관련 협회 등 이해당사자들은 누리과정 예산 파행을 두고 법정 다툼으로까지 치닫는 형국이다. 보육 정책에 대한 깊은 이해와 고민 없이 지난 대통령 선거를 앞두고 급조된 누리과정 무상 보육 공약은 결과적으로 포퓰리즘 정책으로 전락하고 있다. 보육 문제가 출산율 제고와 여성의 사회참여 등 국민의 삶의 질, 국가경쟁력으로까지 이어지는 중요한 이슈라더니, 고작 돈 문제로 아웅다웅하는 게 우리 사회의 현주소다.

보건복지부가 저출산 문제를 해결하자고 "아이에게 형제, 자매를 만들어주라"는 내용의 캠페인성 광고를 만들어 선보였다. 하지만 막상 아이를 낳고 키워본 부모들이라면 이 광고를 보고 콧방귀

를 뀌었을 것이다. 내 아이에게 형제, 자매를 만들어주고 싶은 부
모 마음이야 당연하지만, 어디 우리 사회가 마음 놓고 아이를 낳고
키울 수 있도록 충분히 배려하는 곳이던가.

아파트 단지 내 구립 어린이집에는 갈 수 없게 됐지만, 근처 가
정 어린이집에서 연락이 와서 아이는 그곳에 입소했다. 걸어서 1
분도 안 되는 곳에 어린이집을 두고 먼 길을 돌아 아이를 등원시켜
야 한다는 것이 마음 아프기도 했지만, 그나마도 아이를 맡아줄 곳
이 생겼다는 것에 감사하고 행복해 해야 하는 것이 현실이었다.

돌이 조금 지난 아이를 어린이집에 맡기고 회사로 향하는 발걸
음은 무겁기 짝이 없었다. 그러나 더욱 발걸음이 무겁게 느껴질 때
는 회사의 눈치를 보며 '칼퇴'를 해 종종걸음으로 아이를 보러 달

려갈 때였다. 조급한 마음에 택시를 타고 1분 1초라도 빨리 귀가하려 해도 늘 마음이 먼저 달려가 있었기 때문이다.

그런 나 자신을 볼 때면 두려움이 밀려왔다. 이게 진정 내가 원하던 삶이었나. 이 상태로 언제까지 버틸 수 있을까. 나에게 반갑게 달려오는 아이를 부둥켜안으며 죄책감을 느끼게 만드는 사회에서, 행복할 권리를 논하는 것은 어리석은 일일까. 매일같이 고민은 커지게 되었다.

둘

어린이집 때문에
눈물이 다 나네

국공립 어린이집은 엄마들에게 선망의 대상이다. 민간 사립 어린이집보다 좋기 때문이다. 무엇이 좋으냐. 보육의 질이 좋다. 아이들의 놀이 활동은 물론, 시설이나 먹을거리 등도 믿을 만하다(고 한다). 무엇보다 교사들의 처우가 사설 민간 어린이집에 비해 낫다. 교사에 대한 처우는 곧 보육의 질과 직결되는 문제다. 보육의 질은 교사의 자질과 성품과 밀접하게 관련되는데, 교사의 경제적 불안정과 불확실한 지위 등 개인적 어려움이 있어서는 보장되지 못한다.

첫째 아이를 새로 입주한 아파트 내의 구립 어린이집에 보내려던 나의 꿈은 날아갔지만, 그래도 둘째 아이가 태어나 5세 미만 영유아 2자녀 이상의 조건이 되었으니 아이가 그곳에 갈 수 있는 확률은 꽤 높아졌다. 이사를 2014년 10월에 했으니, 2015년 3월 새 학기부터는 안 되더라도 이듬해인 2016년부터는 구립 어린이집에 보낼 수 있을 거라는 생각에 기대감을 갖고 있었다.

그러던 어느 날이었다. 문제의 그 구립 어린이집 앞에 있는 놀이터에서 첫째 아이와 함께 놀고 있었는데, 같은 또래의 한 아이가 엄마와 함께 있었다. 별 생각 없이 엄마들끼리 으레 하는 인사인 "몇 개월이에요?"로 대화가 시작되었는데, 이야기를 하면 할수록 무언가 이상하다는 생각이 들었다.

내용인즉슨, 우리 아이와 같은 만 1세인 그 아이는 아파트 단지 내 구립 어린이집에 다니고 있는데 새로 자리가 생겼다고 연락이 와 올해 3월부터 새로 입소를 했다는 것이었다. 뭐 여기까지는 그럴 수 있는데, 문제는 그 아이가 외동이라는 것이다. 우리 아이도 둘째가 4월생이니 3월 입소 당시에 외동이었는데, 내가 부지런하게도 입소 대기 신청을 1번으로 했기에 순번상 연락은 우리 아이에게 먼저 왔어야 하는 게 맞다. 그러나 나는 이 어린이집으로부터 연락을 받은 바 없으니, 결국 후순위인 아이가 버젓이 이곳에 다니고 있었다는 이야기다.

머릿속이 복잡해져 그 엄마 아이와 인사도 하는 둥 마는 둥하고 집으로 돌아왔다. 소파에 앉아 아무리 머리를 굴려봐도, 이건 뭔가 잘못된 상황이라는 생각이 들었다. 그러다 4월에 출산 후 회복도 덜 된 몸으로 둘째 아이를 안고 첫째 아이를 아파트 밖 어린이집으로 등·하원시키며 고생하던 게 생각나 억울해지기 시작했다. 무엇이 잘못됐는지 확인을 해야겠다 싶어 결국 '취재'에 나섰다.

우선 팩트 확인부터. 어린이집으로부터 입소 안내 연락이 왔는데 내가 못 받은 것인가? 그럴 리 없다. 3월부터 입소가 시작된다는 것을 알고 있었기에, 몇 달 전부터 전화기를 끼고 살았고 혹시 못 받은 전화는 100퍼센트 콜백을 했다. 지난 통화 목록을 훑어봤지만 이미 시일이 많이 지나 당시 통화 내역은 사라진 지 오래였다. 어쩔 수 없이 어린이집으로 확인 전화를 해 구구절절 상황을 설명하고, 아이의 입소 순위와 3월 대기자 입소 당시 상황에 대해 물었다. 그랬더니 이런 답변이 돌아왔다.

"저희가 2월에 연락을 드렸는데 어머님이 안 받으셨다고 기록이 되어 있네요?"

말도 안 돼. 정말이라면 나를 탓해야 하나, 전화기를 탓해야 하나, 통신회사를 탓해야 하나. 납득할 수 없어 결국 나는 내 통신사로, 어린이집은 전화국으로 발신 내역을 조회해보기로 했다. 하지만 확인해보니 통신사나 전화국 모두 부재중 통화 내역은 기록해두지 않았다. 결국 어린이집이 나에게 대기자 입소 연락을 했는지 사실 여부는 미궁 속으로 빠졌다. 그래도 부모가 연락을 받지 않으면 통상적으로 문자 한 통 정도는 남기는 게 관례인데, 문자가 오지 않았다는 사실만이 어린이집 측이 실수했을 가능성을 말해줬고 어린이집 측도 순순히 잘못을 인정했다.

어쨌든 중요한 것은 몇 달이 지난 지금 당시에 우리 아이가 누락이 됐다고 해서 "다시 어린이집에 입소할 수는 없다"는 사실이었다. 어린이집 원장은 "미안하다"고 사과는 하면서도 "이미 입소한 아이의 재원 사실을 번복할 수는 없다"고 말했다. 상황은 이해가 가지만, 결국 우리 아이만 억울한 꼴이 됐다. 그러다 혹시라도 피해자가 별달리 손 쓸 수 없다는 사실을 이용해 입소 순위를 조작한 것이라면 문제는 심각하다 싶어 바로잡아야 한다는 생각이 들었다.

답답한 마음에 영유아보육법을 찾아보았다. 이 경우 대입해볼 수 있는 조항은 제28조 보육의 우선 제공과 제56조 과태료 조항. 입소 우선순위에 따라 우선적으로 보육하지 않은 경우에는 300만 원 이하의 과태료가 부과된다는 내용이었다. 그 순간 마음속으로는 원장 모가지라도 잘라야 하는 것 아닌가 하는 울분이 차올랐지만, 과태료 외엔 별달리 방도가 없는 듯했다.

하지만 아이의 입소 순위로 볼 때 차후에 이 어린이집에 다니게 될 가능성이 큰데, 구청에 민원을 해서 원장과 관계만 망가진다면 오히려 우리 아이만 손해가 아닌가 싶어 걱정이 되었다. 결국 제도만 보면 아이를 어린이집에 보내려면 작은 문제는 꺼내지도 말라는 이야기나 다름없었다. 아니, 피해를 입은 사람이 후일이 걱정이 되어 민원도 제대로 넣지 못하다니, 제도가 이래도 되는 건가.

그래도 난생 처음으로 '민원'을 넣어보겠답시고 구청 가정복지과에 전화를 걸었다.

"민원을 넣으시면 어린이집에 과태료 100만 원이 부과돼요. 위탁으로 운영하시는 원장님이라 그 이력이 꼬리표처럼 붙어 다닐 테니 액수에 비해 압박감은 클 거예요. 어머님이 걱정하시는 관계 문제는… 공감은 가지만 법이 그 부분까지는 아우르지 못하네요. 죄송합니다."

결국 나는 고민에 고민을 거듭하다 민원을 넣지 않는 것으로 결론을 내렸고, 구청 직원이 어린이집 원장에게 이 사실을 알림으로써 '민원을 할 수 있었으나 원장 입장을 생각해 선처를 한 것'이라

는 생색을 내는 것 정도로 사건은 매우 찌질하게 일단락되었다. 이로써 어린이집에 아이를 맡겨야 하는 엄마들이 늘 어린이집에 쩔쩔매야 하는 '슈퍼 을' 신세라는 것만은 확실히 알게 되었다.

이렇게 구구절절 길게 구립 어린이집 못 보낸 사연을 억울하답시고 끼적이고 있다 보니 대체 뭐하는 짓인가 싶다. 심지어 나는 처음 이 사실을 알게 되었을 때 손이 부들부들 떨리고 눈물까지 찔끔 났다. 그리고 별다른 대책이 없다는 사실을 확인한 후 한동안 어린이집 앞 놀이터에서 놀고 있는 아이들만 봐도 억울한 마음이 불쑥불쑥 솟는 후유증에 시달렸다. 그 어린이집에 못 보낸 게 뭐 그리 대단한 문제라고 이렇게까지 심각한가. 사람 참 우스워 보이게 말이다.

하지만 한국사회에서 아이를 키우는 엄마들에게 어린이집만큼 중요한 문제는 없다. 아이를 어린이집에 맡기는 것이 너무도 당연한 일이기 때문이다. 아이가 말도 하고 기저귀도 뗄 정도로 자랄 때까지 직접 키운 후 일터로 돌아갈 수 있다면 너무 좋겠지만, 한국사회에서 언감생심 그것이 기대나 할 수 있는 일인가. 육아휴직으로 자리를 비운 사이 아예 내 자리가 없어질까 노심초사해야 하는 게 현실이다 보니, 돌도 안 된 아이를 어린이집에 맡기고 일터로 돌아가는 일이 부지기수로 일어난다. 한국의 어린이집이란 가정을 대신해 이 사회의 구성원이 될 한 인간의 양육을 책임지는 공간으로 기능하고 있다.

그러니 내가 어린이집 때문에 눈물이 다 난다고 해서 그리 유별난 건 아니라는 말씀이다. 자칫 사소한 것처럼 보이는 이번 사건은 내게 어린이집이란 곳이 얼마나 허술하고 미덥지 못한 기관인지 확인하게 해주었고, 나아가 이 사회가 우리 아이를 키우기에 얼마나 어설프고 의심스러운 곳인지도 질문하게 만들었다.

아이 키우는 친구들과 수다를 떨다가 한 친구가 말했다. "이놈의 나라는 어떻게 어린이는 어린이집에, 엄마 아빠는 일터에, 노인은 요양병원에만 있냐. 가족이 매일같이 뿔뿔이 흩어져 사는 게 정상인 이 나라가 대체 정상인 거 맞냐?"

그러게, 임신 사실을 안 순간부터 태아 상태로 어린이집 대기 신청부터 해야 한다는 조언을 주고받는 이 나라를 정상으로 볼 수 있을까. 어린이집에 아이를 맡기고 일하러 가야 한다는 이유로 엄마들이 스스로를 '을'이라 생각하며 크고 작은 문제들에 침묵해야 하는 어설픈 시스템들은 또 어떤가. 이렇게 비정상이 정상인 사회에서, 어린이집 때문에 눈물이 다 나는 난 과연 정상인가, 비정상인가? 도무지 모르겠다.

셋

두 번째 육아휴직을
하는 심정에 대해

첫 번째 육아휴직이 끝나고 회사에 복직한 지 6개월 만에 다시 휴직을 했다. 둘째 아이 출산 때문이다. 나는 22개월 터울의 두 아이의 엄마가 되었다.

복직을 앞두고 둘째 아이 임신 사실을 알게 된 나는 무척 당혹스러웠다. 1년 3개월간의 출산휴가와 육아휴직 끝에 돌아가는 직장에 "저 또 임신했어요"라고 말하기는 여간 면구스러운 일이 아니었다. 복직과 재휴직에 들어가는 사이 6개월이라는 짧은 시간만 근무해야 하기 때문에 경력 단절에 대한 부담감도 컸다. 더군다나 우리 회사의 경우 여기자가 둘째 아이까지 육아휴직 1년을 꽉 채

위 쓴 경우가 없었기 때문에, 첫 번째 사례의 주인공이 되는 것도 걱정스러운 일이었다.

임신 사실을 알자마자 친한 회사 여자 선배에게 고민을 털어놨다. 선배는 나의 경력단절 문제를 가장 우려했다. 모성보호에 대한 사회적 인식이 차츰 개선되고 있기에 공개적으로 육아휴직으로 인한 경력단절을 부정적으로 말하는 사람은 없겠지만, 현실적으로는 많은 어려움이 따를 것이라는 이야기였다. 나를 진심으로 걱정해주는 선배의 말씀을 듣고 처음에는 육아휴직을 하지 않고 출산휴가만 쓰는 것도 고려를 해보았다. 때문에 복직 후 임신 사실이 알려진 뒤엔 "이번에도 1년 쉴 거냐"라는 질문에 한동안 "생각 중"이라고 말하기도 했다.

그런데 6개월간 워킹맘으로 짧게나마 살아보니 생각하고 말고 할 겨를이 없었다. 1년의 육아휴직을 꽉 채워 쓰기로 결심했다. 아니, 그것은 불가피한 결정이다.

나처럼 친정과 시댁이 모두 먼 지역이면서 양가로부터 육아를 지원받을 수 없는 워킹맘은 어쩔 수 없이 아이를 어린이집에 맡기거나 사설 기관으로부터 이모님을 고용해야 한다. 복직하며 말도 못하는 16개월짜리 첫째 아이를 어린이집에 보내면서도 가슴이 무척 아팠는데, 돌도 안 된 둘째 아이를 남에게 맡긴다는 상상을 하니 결코 그럴 수는 없는 일이었다. 그건 도무지 엄마로서 용납이 안 됐다.

하루하루가 다르게 성장하는 아이는 말이 늘고 고집을 피우거나 자기주장과 표현이 점점 확실해지기 시작했다. 나는 그러한 작은 변화들이 일어나는 매 순간을 아이와 함께할 수 없다는 사실에 종종 슬퍼지거나 우울해지곤 했다. 아이의 가장 빛나는 순간들을 함께할 수 없다는 사실만큼 괴로운 일은 없었다.

한번은 평소보다 30분 정도 늦게 아이를 데리러 갔는데, 아이가 나를 보자마자 주저앉아 펑펑 울어버린 적도 있다. 선생님 말씀으로는 비슷한 이름의 또래 아이가 있는데 10분 전쯤에 그 아이 엄마가 다녀갔다는 것이다. 그 아이를 부르는 소리를 자신을 부르는 소리로 착각하며 뛰어갔다가 엄마가 아니어서 실망했다고 한다. 우리 아이는 아마도 '엄마가 올 시간이 지났는데…'라는 생각으로 엄마를 목 빠지게 기다렸을 것이고, 문소리가 날 때마다 그쪽을 바라보았을 것이다. 그날은 가슴이 아파 아이를 많이 안아주었다.

하루는 남편이 평일에 쉬어 어린이집에 보내지 않고 하루 종일 아이를 본 적도 있었다. 남편이 함께 낮잠이 들었는데 자다 일어나

보니 아이가 잠에서 깼는데도 눈을 말똥말똥 뜨고 가만히 누워 일어나지 않았다 한다. 어린이집에서의 습관 때문이었다. 어린이집 선생님께서 "낮잠시간에 함께 잠들다 먼저 깨면 불이 꺼져 있기에 다른 아이들이 깰 때까지 누워서 뒤척거린다"고 하셨는데, 이게 그런 것이었다. 낮잠을 자다 깨도 잠투정으로 칭얼거릴 사람이 없으니 말 못하는 아기가 그냥 혼자 그 시간을 버티는 것이었다.

2015년 전 국민을 충격과 분노에 휩싸이게 했던 인천 송도 어린이집 폭행 사건은 더욱 그런 결심을 굳히게 했다. 첫째 아이가 다니던 어린이집 선생님들이 절대 그렇지 않으리라 믿지만(그저 믿을 수밖에 없다), 사건을 접한 뒤로는 한동안 '혹시 지금 내 아이도 고통받고 있는 게 아닐까?'라는 생각이 자꾸 일어 손에 일이 잡히지 않았다. 아이를 맡기고 찾아올 때마다 선생님께 "요즘 스트레스 많이 받으시겠어요. 선생님처럼 좋으신 분도 많은데…"라고 아부 겸 안부를 물었지만, 속으로는 '우리 아이한테 잘 대해주세요'라는 마음을 에둘러 표현한 것이었다.

여러 일들을 겪으면서 둘째 아이도 최대한 오랫동안 엄마의 숨결을 느끼며 자라게 하고 싶었다. 첫째 아이에게도 엄마가 늘 곁에 있다는 안정감을 느끼게 해주고 싶었다. 한국의 기업 문화상 '그나

마' 육아휴직 1년을 부담 없이 쓸 수 있는 심리적 마지노선이 첫째 아이까지라는 주변인들의 의견에 공감하면서도, 부담을 가득 안고 눈 질끈 감은 채 둘째 아이도 1년을 휴직했다.

한국사회에서는 엄마가 아니면 안 되는 것들이 너무 많다. 보육도, 먹을거리도, 아이들의 안전도…. 안심하고 사회를 믿고 기댈 수가 없다. 늘 감시하고 걱정해야 한다. 그런데 버젓이 있는 육아휴직 제도를 포기하고 아이를 사회에, 다른 사람에게 맡기라는 사회의 시선은 가혹하다.

한국사회에서 여성이 일과 육아를 모두 잘할 수 있는 경우는 제한적이다. 양가 부모님으로부터 전폭적인 지원을 받거나, 경제적으로 풍족해서 아이를 키워줄 완벽한 보모를 구할 때에야 가능하다. 이렇게 그나마 현실적인 해결책이라는 게 결국 개인에게만 오롯이 떠맡겨진 방법들뿐이다. 그러니 일하는 엄마들은 매일같이 사표를 품은 채 '일이냐 아이냐'의 갈림길에서 갈팡질팡한다.

최근 미국에서는 좋은 교육을 받고 사회에서도 성취를 이룬 여성들이 가정으로 돌아가 주부로서의 삶을 선택하는 경우가 늘고 있다고 한다. 1960~1970년대에 페미니스트들이 여성 사회 진출의 길을 열었지만, 막상 직장과 사회로 나간 여성들에게 직장과 가정생활을 병행하는 삶은 고통이었기 때문이다. 여성의 사회 진출만이 최선이라 부르짖던 페미니즘이 현실 속에서 한계에 부딪힌 셈이다.

여성주의 경제학자 낸시 폴브레는 "한 가정의 가장으로서 남성의 업무를 모델로 하는 근무 환경과 업무 리듬을 여성의 특성에 맞게 바꾸는 점이 가장 어려운 부분"이라고 지적한다. 현대 사회의 일하는 여성이 어느 한쪽을 포기하거나 누군가의 조력을 받지 않고서는 둘을 전혀 병행할 수 없는 구조 속에 있음을 말해준다.

저널리스트 출신의 에밀리 맷차는 이러한 현상에 주목하고《하우스 와이프 2.0》이라는 책을 썼다. 그는 여성들이 가정으로 돌아가는 현상이 일을 포기하거나 직장에서 실패해서라기보다, 좀더 다른 삶을 실현하기 위한 선택이라고 이야기한다. 가정으로 돌아가면 어떤 재료가 들어갔는지도 모른 채 아이에게 먹이는 간편 음식 대신, 직접 텃밭을 가꿔 신선한 채소를 밥상에 차려내거나 하루 종일 느긋하게 끓여낸 진짜 닭 육수로 국수를 끓여 먹는 일이 가능해진다. 사람들이 선호하는 삶의 패러다임이 성공이나 성취보다 자연과 함께 인간다운 일상을 누리는 방향으로 바뀌고 있는 것이 여성의 삶을 변화시키는 중요한 요소가 된 셈이다.

물론 가정으로의 복귀가 여성들에게만 권유 혹은 강요되는 경우가 대부분이라는 것은 안타깝고 화가 난다. 이에 대해 맷차는 "새로운 가정의 시대가 상당히 여성 중심적인 현상이긴 하지만, 이 현상에는 여성만 해당되는 것은 아니다"라고 말한다. 더 많은 남성들과 사회 전체가 이러한 현상에 주목하고 대안을 함께 찾아 나가야 한다.

어린 아이를 내 손으로 직접 양육하고 싶은 부모의 마음은 가장 자연스럽고 인간적인 것이다. 그럴 수 있도록 법이 정한 틀을 활용하는 일 역시 당연한 일이다. 그런데 일하는 여성이라면 누구나 그 당연한 일이 지레 마음이 불편하고 눈치가 보인다는 사실에 공감할 것이다. 가정으로 돌아가는 여성에 대한 세상의 잣대는 아무래도 성취나 사회적 공헌과는 거리가 멀며, 개인의 사회적 성취 욕구와도 상충되어 여성 스스로 가치관의 혼란을 겪게 만들기 때문이다.

일하는 엄마들은 대체 어떤 욕망에 더 귀 기울여야 하는 걸까. 둘을 병행할 수 있는 사회에서 살 수 있다면 좋겠지만, 아직은 둘 중 무언가를 선택할 수밖에 없게 만드는 사회에서 살고 있음을 원망할 수밖에 없다. 다음은 내 페이스북에 공유해두고 가끔씩 읽어보는 한국일보 박선영 기자의 칼럼 〈오후 5시의 정치학〉의 한 대목이다.

"유신시대의 통행금지처럼, 오후 5시 이후 근로금지제가 전 국가적으로 시행되는 상상을 해본다. 남편도, 아내도, 거래처도, 하청업체도, 사장님도, 대리도, 국회의원도, 어린이집 교사도, 낮 동안 부지런히 일하고 오후 5시면 모두 퇴근한다. 모두가 집에 가 있으니 혼자 남아도 할 일이 없다. (…) '오후 5시의 정치학'. 이게 실현된다면, 단언컨대 나는 더이상 일과 육아 사이에서 갈팡질팡하지 않을 것이다."

생각만 해도 고개가 끄덕여진다. 저런 양성평등법안을 발의하고 통과시키는 정치인이 있다면 두손 두발 들어 지지하고 정치후원금도 보내겠다.

하지만 내가 둘째 아이 육아휴직을 끝내고 다시 복직할 때까지 그런 일은 불가능해 보인다. 두 번째 육아휴직을 결정한 사실에 대해 회사 개인 블로그에 올려두었더니 한 독자가 이런 댓글을 달았다.

"임신과 출산은 어디까지나 자신만의 개인적인 일로 스스로 선택한 일인데, 그걸 빌미로 같이 일하는 동료에게 폐를 끼치고, 다른 누군가가 제대로 일할 수 있는 한 자리를 일은 하지 않고 그냥 차지하고 있는 것이 아닐까라는 생각도 하게 됩니다."(아이디 ○○○)

'오후 5시의 정치학'이 한국사회에서는 실현 불가능한 판타지임을 확인시켜주는 댓글이었다. 임신과 출산이 "어디까지나 개인적인" 일이며 "동료에게 폐를 끼치는" 일이라는 댓글을 저렇게 씩씩하게 달 수 있다니 놀라울 따름이다. 슬프게도, 아직은 워킹맘을 고립시키고 쫓아내려고 골몰하는 게 한국 기업 문화의 민낯인 듯싶다.

넷

성공한 워킹맘이
'신화'일 수밖에 없는 이유

두 아이가 동시에 낮잠을 자는 일은 나에게 '로또'다. 어린 아이들이니 하루에 한두 번은 낮잠을 자긴 하지만, 서로 다른 시간에 잠들면 엄마는 하루 종일 쉬는 시간 없이 아이들에게 매달려야 한다. 하루는 둘이서 함께 낮잠을 자는 효도를 하기에, 속으로 '올레!'를 외치며 그 꿀 같은 시간에 IPTV로 최신영화 한 편을 보기로 마음먹었다. 최대한 현실과는 거리가 먼, 할리우드의 코미디나 드라마 류가 좋겠다는 생각에 고른 영화는 바로 앤 해서웨이와 로버트 드 니로 주연의 〈인턴〉이었다.

30대 여성 최고경영자인 줄스 오스틴(앤 해서웨이 분)은 인터넷 의

류 쇼핑 회사를 창업한 지 1년 반 만에 회사 직원이 220명으로 늘어날 정도로 큰 성공을 이룬다. 이 영화는 30대 여성 CEO가 인생 경험이 풍부한 70대 벤 휘태커(로버트 드 니로 분)를 인턴으로 채용하면서 벌어지는 에피소드와 줄스의 성장 스토리를 담았다. 영화는 줄스와 벤의 우정을 기본 골격으로 하지만 그 외에도 여러 메시지를 던진다.

그중에는 성공한 워킹맘이 겪는 어려움에 대한 이야기도 한 줄기였다. '현실도피'를 목적으로 고른 영화에서 딱 맞닥뜨린 나의 현실이라니…. 영화가 그리는 워킹맘의 어려움들은 다음과 같다 (참, 혹시 영화를 보지 않은 분들은 이 글이 스포일러가 될 수 있으니 영화를 본 후 읽는 게 좋을 듯하다).

첫째, 워킹맘과 전업맘 사이에는 늘 갈등이 뒤따른다. 줄스는 딸 페이지의 등굣길에 만난 전업맘들로부터 시기와 조롱을 받는다. 한 전업맘은 줄스에게 파티에 과카몰리(아보카도를 주재료로 하는 멕시칸 소스의 한 종류)를 만들어 보내주기를 요청하면서 "시간이 없을 테니 사서 보내라"며 조소한다. 이를 지켜보는 풀 죽은 딸의 표정이 너무 안타깝다. 일하느라 바쁜 줄스는 이미 전업맘이 주류인 학부형들의 커뮤니티에 낄 수 없다.

이 이야기는 먼 미국에서 찾지 않더라도 한국에서 흔한 이야기다. 포털사이트 다음에서 스토리펀딩 〈목동 워킹맘 생존육아〉를 연재하는 박란희 씨는 "아이와 학교를 둘러싼 커다란 공동체 속에서 워킹맘과 아이들은 엄청난 소외계층"이라고 말한다. 워킹맘은 자신의 아이가 학교에서 소외당하지 않기 위해, 정보의 집결지인 엄마들의 그룹에 들어가려고 전업맘들의 비위를 맞춰가며 갑절의 공을 들여야 한다.

중요한 건 전업맘이라 해서 무능력한 여성이라고 함부로 단정지어선 안 된다는 점이다. 요즘 전업맘들은 고학력에 전직 워킹맘들도 많다. 맞벌이를 하지 않고 엄마가 아이에게 전념할 수 있다는 것은 남편의 경제적 능력이나 가정의 경제 수준이 높다는 의미이기도 하다. 이런 전업맘들은 아이를 키우는 일에 열과 성을 다하며 늘 아이 곁을 맴돌아 '헬리콥터맘'으로 불리는 경우가 많다. 워킹맘이 그들을 따라가기란 뱁새가 황새 따라가기다.

둘째, 아이들의 사회생활에는 엄마가 필요하므로 워킹맘은 자신을 대신할 수 있는 '대체 엄마'를 마련해야 한다. 줄스가 전업주부들과 억지로 어울리지 않아도 됐던 것은 자신의 커리어를 포기하고 가정주부로 살고 있는 남편 맷이 있었기 때문이다. 가사는 물론 딸의 학교생활까지 꼼꼼히 챙기는 남편 덕분에 줄스는 딸과 집 걱정 없이 성공의 길을 걸을 수 있었다.

한국사회에서 워킹맘을 대신하는 '대체 엄마'는 보통 친정어머니나 시어머니, 혹은 가까운 친척 정도다. 간혹 맷과 같이 전업주부가 되는 남편들도 있겠지만 그런 예는 손에 꼽을 정도다. 친인척 중에서 대안을 찾지 못하는 워킹맘은 베이비시터인 이른바 '이모님'을 고용해야만 한다. 물론 이 경우에는 아이 교육이나 학교생활을 챙기는 수준의 돌봄은 포기해야 하고, 아이가 먹고 입고 안전하게 자랄 수 있는 수준의 돌봄 역할만 기대하게 된다.

그러나 그마저도 좋은 사람을 구하기가 하늘의 별따기다. 워킹맘들 사이에는 "여자로서 가장 으뜸인 복編은 남편복도 시댁복도 아닌 '시터복'"이라는 농담도 있다. 베이비시터를 구하는 방법은 여러 가지가 있겠지만, 지역공동체가 거의 존재하지 않는 도시에서는 사설 돌보미 서비스 업체를 통하거나 정부에서 운영하는 '아이돌보미' 서비스를 이용하는 경우가 많다. 하지만 두 가지 방법 모두 애로사항이 한둘이 아니다.

사설 업체를 통하면 비용도 비싸고 믿을 만한 사람을 구하기가 어렵다. 아이 둘을 둔 한 친구는 사설 업체를 통해 월 200만 원을 주고 입주 시터를 고용했는데 "매일같이 눈물 바람"이라고 말했다. CCTV를 통해 시터가 아이에게 윽박지르는 모습을 보면서도 당장 내일 출근하면 아이를 맡아줄 사람이 없어 모른 체할 수밖에 없었던 사연을 듣고는 내 가슴이 다 타들어가는 것 같았다. 한 선배는 사설 업체를 통해 소개받은 시터가 종종 연락도 없이 잠수를 타는 바람에 급작스럽게 연차를 내는 일이 허다하다고도 했다.

반면 아이돌보미 서비스는 정부에서 고용한 베이비시터를 소개받는 것이니 다소 저렴하고 신뢰도 가지만, 공급이 너무 부족하다. 서비스를 이용하려 해도 몇 달을 대기하는 것은 기본이고, 오전 7~9시나 오후 4~5시 등 등·하원 시간에는 연결이 잘 되지도 않는다. 첫째 아이가 어린이집을 퇴소하고 가정보육을 하면서 아이돌보미 서비스를 이용해보았는데, 다른 아이들이 어린이집에 가 있는 오전 10~13시 사이에 신청을 해서야 겨우 연결이 되었다.

셋째, 성공한 여성은 남편과의 관계나 가정생활을 망칠 것이라는 편견에 갇혀 살아야만 한다. 맷은 성공한 아내의 빈자리를 외도로 채우려 하고, 이 사실을 안 줄스는 자신을 대신할 CEO를 고용해 다시 가정에 충실하고자 마음을 먹는다. 줄스는 울며 이야기한다. "아주 전형적인 스토리죠? 성공적인 아내. 남성성을 위협받은 남편은 그에 반발하고 여자 친구가 남성성을 찾게 해주고….”

과연 영화 속 줄스가 여성이 아니라 성공한 CEO 남성이었다면 어땠을까. 아내와의 관계나 가정생활이 더욱 안정되고, 덕분에 회사생활을 더욱 훌륭하게 해낼 수 있지 않을까. ‘성공 = 남성성’이라는 전형적인 성역할 인식은 여성의 성공을 방해하는 최대 장애물이다.

사회에서 성공할 가능성을 높이려면 재충전의 공간인 가정의 안정이 확보되어야 한다. 그런데 가정의 안정이란 사회적으로는 눈에 띄지 않는 가사와 육아 영역에서 밀도 높은 노동을 필요로 한다. 여자가 사회생활을 하면 그 노동은 누구의 몫이 될까. 보통 그 몫은 고스란히 다시 여성에게 주어진다. 한국 맞벌이 가정 남성의 가사노동시간은 OECD 회원국 가운데 최하위 수준인 하루 40분에 불과했지만, 여성은 하루 3시간 14분을 일했다.

가정 내에서 여성의 손발을 묶어두는 요인 외에도 이미 직장과 사회는 여성을 배제하려고 안간힘을 쓰고 있다. 영국 주간지 《이코노미스트》가 발표한 2016년 유리천장 지수를 보면 한국은 OECD 주요 29개국 중 꼴찌다. 똑똑한 여성들이 우수한 성적으로 좋은 기업에 들어가선 결혼하고 애 낳으면서 죄다 우르르 퇴사하

는 탓이 크다. 아이들을 키워놓고 다시 사회생활을 시작하려고 해
도 예전 경력을 다시 살려 일할 기회를 얻지도 못할뿐더러, 막상
주어지는 일자리는 비정규직에 저임금인 단순일용직이 대다수다.
이런 환경에서 성공한 워킹맘은 그저 '신화'로서만 존재할 수밖에
없다.

　신나게 영화를 고르고 빠져들어 보다가 무거워지는 마음을 주
체할 수 없을 무렵, 두 아이는 동시에 깨서 내 혼을 쏙 빼놓았다.

영화 한 편 마음 놓고 볼 시간적 여유도 나지 않을 정도로 죽겠는데, 한국사회가 나 같은 엄마들에게 얼마나 가혹하게 굴고 있는지 생각하니 그만 화가 치밀었다. 그러다 얼마 남지 않은 육아휴직 날짜를 손꼽아보며 답 없는 질문을 스스로에게 던졌다. 내가 과연 좋은 기자이면서, 좋은 엄마, 좋은 아내일 수 있을까. 솔직히, 자신이 없다.

무엇이 워킹맘의
발목을 잡는가

요즘 20대 청년들은 "이생망(이번 생은 망했어)"이라며 삶을 자조한다. 나와 불과 열 살밖에 차이가 안 나는 세대이지만, 내가 봐도 요즘 20대는 너무 안 됐다. 우리 선배 세대들은 대학만 졸업하면 골라가며 취직할 수 있었고, 빚내서 아파트를 사도 집값이 껑충 뛰어 돈을 왕창 벌었다는 꿈같은 이야기를 한다. 그에 반해 지금 20대는 아무리 날고 기는 스펙을 갖추어도 취업 시장에 진입하는 것 자체가 어렵고, 물려받은 것 없이 서울에 내 집 하나 장만하기가 불가능한 세대다.

30대인 우리 세대도 '이생망' 세대에 가깝다. 물론 지금 20대들에 비하면 대학 시절 좋은 학점과 높은 토익 점수를 얻어놓는 정도로 취직은 할 수 있었고, 부모님과 은행의 도움을 빌려 전셋집이라도 얻어 결혼하고 아이를 낳을 수 있었으니 않는 소리라고 할 수도 있겠다. 하지만 이미 노동시장에 진입해 경제활동을 해온 세대 가운데 막내뻘인 우리는 월급에 비해 너무 가파르게 올라가는 물가와 집값, 개인의 삶을 존중해주지 않는 사회의 각종 착취로 인해 많은 고통과 상처를 안고 살아간다. '이생망'까지는 못 되더라도 '이생죽(이번 생은 죽겠어)' 정도는 되는 것 같다.

여성의 경우는 상황이 더 심각해진다. 20대에 겨우 취업의 문을 뚫고 사회생활을 시작해 열심히 달려왔는데, 행복을 꿈꾸며 시작한 30대의 결혼생활이 발목을 잡는다. 정확히는 아이를 낳고서부터다. 가사와 육아에 매달리느라 사회생활을 포기하는 것이 당연했던 어머니 세대와는 달리 당당한 커리어 우먼의 미래를 그리며 공부하고 노력하라고 배워왔지만, 막상 스스로 엄마가 되어보면 세상이 그리 크게 달라지지 않았다는 사실에 당혹스럽다. "일이냐 아이냐"를 선택하길 강요받으면서, 이제까지 머릿속에 있던 삶과는 완전히 결이 다른 인생이 펼쳐지는 데 따른 가치관의 혼란이 급습한다.

그나마 아이를 맡아줄 부모 세대가 가까이에 살고 경제적으로 여유가 있는 경우는 상황이 좋은 경우다. 부모 및 시부모가 아직 경제활동을 해야 하거나 가까이에 있지 않은 경우에는 답이 별로 없다. 온전히 내 손으로 아이를 키우거나, 돈으로 아이를 키워줄 대체 인력을 구하는 수밖에 없다. 그러나 현실은 육아휴직은커녕 회사로부터 잘릴 걱정부터 해야 하고, 경력단절로 인한 불이익을 감수하는 것이 당연하게 여겨진다.

그러다 회사에 나가 일하는 것이 오히려 경제적으로 손해라는 계산이 나오면 '집에서 아이나 잘 키우자'라는 생각을 하게 된다. 엄마들은 퇴사 여부를 결정하는 월급의 기준이 "월 300"이라는 데 공감한다. 집에서 같이 사는 입주 이모님을 고용하는 데는 조선족의 경우 최소 150만 원, 한국인이라면 200만 원 이상의 인건비가 들기 때문이다. 보통 사람들이라면 열심히 일해 이모님 월급 주고 난 후 오히려 마이너스가 나기 십상이다. 지난 30년 세월의 노력과 열정이 월급 액수에 따라 무위로 돌아가는 것이 허무하지만 현실이란 게 그렇다.

정치 이야기를 하지 않을 수가 없다. 한국사회는 '엄마들이 아이를 마음껏 맡겨두고 일할 수 있도록' 만드는 데 보육 정책의 초점을 맞춘다. 그래서 국공립 어린이집을 늘리고, 늦게까지 아이를 맡아줄 수 있도록 보육 시간을 늘리고, 지원금도 늘리면 된다고 생각한다(물론 지금에 와서는 돈 문제마저 뒤통수를 치고 있긴 하지만 말이다). 그런데 이런 방식의 정책은 우리를 얼마나 인간답게 살 수 있도록 지원하고 있는가?

'인간답게' 산다는 건 뭘까. 인간의 욕망과 본능을 존중받으며 사는 것일 테다. 역사란 지금보다 조금 더 인간답게 살기 위한 투쟁과 승리의 기록이지 않았던가. 진보한 사회란 그런 인간다움에 대한 이해와 배려가 존재하는 사회다.

적어도 아이가 3~4살까지는 엄마 아빠가 양육에 매진할 수 있는 시스템이 갖춰진 사회에서 살 수 있다면 어떨까. 아니 욕심을 더 내서 취학 전까지는 마음 놓고 키울 수 있다면 좋겠다. 지금 생각하면 현실적으로 말도 안 되는 미친 소리 같겠지만 이미 그것이 현실이고 일상인 나라도 이미 지구상에 존재하지 않던가. 온 사회가 부모의 합법적 육아휴직 기간 확대에 합의하고 시행한다면 그때 지금의 시스템을 두고 "비인간적"이라고 경악할 것이 분명하다. 그러니 적어도, 국가가 보육 정책의 목표만은 '엄마 아빠가 충분히 아이를 키울 수 있도록' 하는 데 초점을 두어야 하는 것이 아닌가 싶다. 물론 현재 정책은 그 방향이 완전히 반대여서 "아이는 우리가 키워줄 테니 엄마 아빠는 회사에서 죽도록 일만 하세요"라고 외치고 있지만 말이다.

이상과 현실 사이의 멀고 먼 간극에는 한국인의 밀도 높은 노동과 긴 노동시간의 문제가 자리한다. 가부장제 사회의 남성을 중심으로 한 이 나라의 기업들은 그 조직 문화 역시 가부장적이며 수직적이다. 오랜 시간 동안 회사에 엉덩이를 박고 앉아 조직에 충성하고 구성원끼리 서로 경쟁하며 치열하게 생존하기를 요구한다. 전 세계 어느 나라보다도 야근과 회식이 잦은 곳이 한국이 아니던가.

정치인들은 보육 정책을 이야기할 때 기업의 역할에 대한 부분은 쏙 빼놓는다. 피차 한국사회의 기득권을 움직이는 계급끼리 이해관계를 건드릴 수 없어서일까. 어린이집을 늘리거나 보육 인력을 확충하는 데 예산을 쓰지 말고, 기업에 시간선택제 근무 확대를

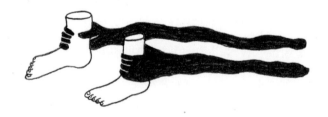

의무화하고 어린 자녀를 둔 사람에게 그 기회를 주면 많은 문제가 해결될 것이다. 일하고 싶은 여성이 경력단절로 고통 받지 않아도 되고 기업도 오랜 시간 비용을 들여 키운 인재를 하루아침에 잃지 않을 수 있다. 남성이 육아휴직을 필수적으로 사용하도록 하고 회식 장소가 아닌 가정에서의 시간을 확보할 수 있게끔 법정 근로시간을 줄이면 삶의 질이 달라진다. 어른들은 가족과의 휴식과 재충전의 기회를 얻고, 아이들은 보다 안정되고 따뜻한 가정의 품에서 자랄 수 있다. 밥하다 말고 서서 10분만 생각해봐도 이 정도면 엄마들의 삶이 엄청 개선될 것 같은데, 이런 정책이 아직 안 나오는 걸 보면 아예 만들 생각이 없는 것이 분명하다.

지원군 하나 곁에 없이 두 아이를 낳고 키우면서 나는 이제껏 마음속으론 이미 수십 차례 사표를 던졌다가 집어넣었다. 사표를 던지면 이제껏 살아온 35년간의 내 인생은 신기루처럼 사라지고, 사표를 도로 집어넣으면 앞으로 나와 아이들의 인생에 가시밭길이 펼쳐진다.

워킹맘의 인생의 발목을 잡는 것은 아이들이 아니다. 일과 아이 중에서 하나를 선택하라고 강요하는 이 사회다. 시간이 지난다고 해서 이 사회가 더 나은 방향으로 진보하리라는 희망도 점차 희미

해져간다. 진퇴양난의 기로에서 떠오르는 건 '이생망'이라는 단어뿐이다. 그러니 열 일 제쳐두고 투표 하나는 잘해야 한다. 헬조선에 태어난 흙수저 엄마라면 더욱 그렇다.

6장

아이는 자란다

하나

첫걸음을 떼던 날

인간의 성장은 참으로 놀랍다. 특히 생후 1년 동안 아기에게 일어나는 일들은 마치 마법처럼 신비롭다. 그 모습을 지켜보는 일은 잊지 못할 경험이었다.

태어나 눈도 못 뜨던 아기가 나와 눈을 맞추면서 처음으로 그 놀라움이 시작되었다. 그건 아기가 끊임없이 성장하고 있다는 첫 증거를 목격한 사건이었으며, 먹고 자고 싸는 것밖에 할 줄 아는 게 없는 것 같던 녀석이 드디어 인간으로서 나와 '교감'이란 걸 할 수 있게 되었음을 확인한 일이었다. 밤낮으로 씨름하느라 순간순간 잊게 되던 그 사실을 일깨워주는 말똥말똥한 그 작은 눈빛. 참, 내가 사람을 낳았었지. 그래, 내가 네 엄마란다.

태어난 지 100일이 가까워오면 아기는 출생 당시의 두 배 정도로 몸무게가 늘어난다. 인간이 이토록 폭발적으로 성장하는 것은 이때가 유일하다고 한다. 만약 성인이 100일 만에 몸무게가 두 배가 될 정도로 급격히 자란다고 상상해보면, 이때 갓난아기의 성장량이 얼마나 엄청난 것인지 느낄 수 있을 것이다.

이후에는 눈부신 속도로 모든 신체 영역이 골고루 발달해간다. 누워만 있다가 한번 몸을 뒤집기 시작하면 일사천리다. 뒤집기와 되뒤집기를 익히면 혼자서 낑낑대며 이곳저곳으로 굴러다니고, 어느새 배밀이를 하며 집 안 온 구석을 청소하듯 쓸면서 돌아다닌다. 낮은 포복 자세로도 얼마나 빠른 속도를 낼 수 있는지 엄마를 감탄하게 만드는가 하면, 또 어느새 무릎을 이용해 기는 방법을 터득해 보다 빠른 속도로 이동하는 모습을 선보인다.

백미는 아기가 혼자 힘으로 일어설 때다. 가만히 누워 눈도 못 뜨던 작고 약하던 존재가 스스로 땅을 짚고 허리를 세워 오롯이 두 발로 일어서는 모습은 무척 감동적이었다. 한 인간이 태어나 비로소 독립된 존재로 거듭나고 있음을 처음으로 선언하는 순간이랄까. 내 기억 속에서 아이가 스스로 몸을 일으켜 세웠을 때의 순간은 마치 영화의 한 장면처럼 슬로우 모션으로 저장되어 있다.

팔, 다리 등 신체의 큰 부위가 발달하는 모습도 신비롭지만, 입이나 손 등 작은 근육이 발달해 새로운 기능을 발휘하는 것도 놀랍다. 젖꼭지만 빨던 아기는 어느 순간 컵을 사용하는 방법을 배워물과 우유 등 엄마 젖 외의 음료를 마실 수 있는 능력을 갖게 된다. 나는 첫째 아이가 권장 월령보다 빨대를 늦게 빨아 애를 태웠는데, 입을 오므려 빨대를 "쪽" 하고 빨던 그 순간을 잊을 수가 없다. 주책없이, 하마터면 눈물을 흘릴 뻔했을 정도로 기뻤기 때문이다.

먹는 음식은 처음엔 엄마 젖뿐이다가 묽은 미음으로 이유식을 시작하고, 이유식의 점도가 점점 더 높아지면서 어른과 비슷한 수준의 밥을 먹게 된다. 그렇게 바뀌는 데 1년이 채 걸리지 않는다. 그사이에 엄마는 작은 쌀가루로 시작해 점점 그 알갱이의 크기를 키워가며 아이의 성장을 확인해간다. 초기, 중기, 후기 이유식으로 단계가 넘어갈 때마다 가슴 졸였던 기억은 생생하다. 행여나 먹다가 삼키지 못할까, 목에 걸려 토하지나 않을까 노심초사하며 한입 한입 먹이던 매 순간은 긴장감으로 가득 찼었다.

작은 딸랑이조차 손에 쥘 힘이 없다가, 집 안의 서랍이란 서랍을 다 열어보고 높은 곳의 물건을 다 떨어트리는 말썽꾸러기가 될 정도로 손의 힘이 좋아지는 것 역시 신기했다. 때로는 고 작은 손가락으로 집 안의 휴지를 다 뽑아내서 경악하게 만들곤 했는데, 주로 조용하다 싶으면 '사고'를 치는 중이라고 보면 됐었다. 그래도 가끔은 작은 구멍에 무언가를 끼워 넣으려고 집중을 하거나, 방바닥에 흩어져 있는 작은 먼지를 잡아보겠다고 낑낑대며 엄지와 검지를 수차례 움직이는 기특한 모습도 선보였다.

처음으로 걸음마를 하던 때를 생각하면 가슴이 벅차오른다. 물론 몇 발자국 나아가지 못해 주저앉고 말았지만, 뒤뚱거리며 앞으로 걸어 나오는 모습은 귀여우면서도 그렇게 장할 수가 없었다. 한 발 두 발 자기 힘으로 걸어나갈 수 있다는 사실을 알게 되어 신기해하던 표정도 눈에 선하다.

무엇보다도 그 첫걸음의 방향이 나를 향하고 있다는 사실이 뭉클했다. 세상에 내딛는 불안한 그 첫걸음을 누구보다 믿고 의지할 수 있는 존재인 엄마를 향해 걷는다는 것은 형용하기 힘든 감동이었다. 나를 향해 함박웃음을 지으며 아슬아슬하게, 무언가 엄청난 모험을 하고 있다는 표정으로 걸어오던 모습이 잊히지 않는다.

이따금 휴대폰에 저장해둔 아이들의 동영상을 넋 놓고 본다. 그러면 중간에 끄기가 쉽지 않다. 화면 속 아이들은 최근의 모습에서

시작해 점점 더 어린 시절의 모습으로 돌아간다. 지금은 당연하게 여겨지는 아이의 모습은 몇 달 전까지만 해도, 1년 전까지만 해도 경탄해 마지않았던 새로운 성장이고 발전의 모습이었다. 그것을 기록해놓은 영상 속에는 당시의 감동과 기쁨이 고스란히 녹아들어 있다.

아이는 그렇게 매 순간 자라고, 영원할 것 같던 순간들은 추어이 되어 기록 속에 쌓여 있다. 때문에 지금 이 순간 놓치고 있는 것은 없는지, 이따금 정신이 번쩍 들 때가 있다. 다시 오지 않을 이 소중한 시간들이 지금도 계속 흘러가고 있다는 사실이 야속하다. 아이가 자라는 모습을 통해, 내 인생의 매 순간 역시 안타까울 정도로 소중하다는 것을 비로소 깨닫는다. 그 사실을 알게 해주는 내 아이들에게 어떻게 이 고마움을 전할까. 오늘도 아이는 자라고, 덕분에 엄마도 함께 자란다.

둘

그놈의 수족구

첫째 아이가 수족구에 걸렸다. 아이가 태어난 이후 최고로 고생스러운 병이었다. 금요일 저녁 늦게부터 열이 나더니, 다음 날 손과 발에 빨간 수포들이 올라오기 시작했다. 뭔가 이상하다 싶어 아침에 병원 문을 열자마자 달려갔다. 담당 의사 선생님은 아이의 입을 들여다보라면서 말했다.

"수족구네요. 여기 보시면 입안에 물집이 잡혀 있죠? 며칠간 먹지도 못하고 힘들 겁니다. 어린이집에 다니면 거기서 옮았을 가능성이 커요. 일주일 정도는 어린이집 못 가고 집에 있어야겠어요."

아뿔싸. 그 말로만 듣던 수족구로구나. 악명은 익히 들어 알고

있었지만, 우리 아이에게도 이렇게 불쑥 찾아올 줄
이야. 이름부터 뭔가 불쾌하다 생각해왔었는데 막
상 겪어보니 수족구는 아이나 엄마 모두에게 힘든
'지랄맞은' 병이었다.

수족구는 바이러스 질환으로 손과 발, 그리고 입안에 수포성 발
진이 나타나기에 발병 부위를 일컬어 수족구手足口라고 부른다. 영
어로도 'hand-foot-and-mouth disease'라고 한단다. 특히 입속
수포가 말도 못하게 고통스러운 것으로 유명한데, 이 고약한 바이
러스가 주로 6개월에서 4세 사이의 영유아에게 침투한다고 한다.

잠복기가 며칠 있는 병이라고 하기에, 혹시 우리 아이가 외출했
다 옮아서 어린이집에 전파시킨 것은 아닌지 주말 내내 괜히 마음
이 불편했다. 아니나 다를까, 월요일에 어린이집에 전화를 했더니
수족구에 걸린 아이들이 꽤 돼서 모두 하원 조치를 했다는 것이다.
무거운 마음을 이끌고 다시 병원으로 향했는데, 그곳에서 같은 어
린이집에 다니는 아이와 그 할머니를 만났다.

그런데 얼굴이 붉으락푸르락해진 할머니의 말을 듣고 나는 머
리를 망치로 두들겨 맞은 듯했다. "이미 지난주에 수족구 때문에
어린이집을 결석한 아이가 있었다"는 것이다. 전염력이 엄청나게

높은 병으로 알고 있는데 어린이집에서 감염자가 있다는 사실조차 부모에게 알리지 않은 것이다.

어린이집에 전화를 걸어 사실 관계를 따져보니, 이미 수족구로 결석하기 시작한 아이가 있었는데 그다음 주가 될 때까지도 아무런 대처가 없었다. 그런데 사과는커녕 자신들의 책임이 아니라는 것을 설명하는 데만 급급한 것이 아닌가. 아이를 맡기는 입장이라 참으려고 했지만 화가 머리끝까지 치밀었다. 조목조목 따지며 항의를 해서 사과를 받았지만 이미 아픈 아이 앞에서 사과 따위가 무슨 소용인가. 배신감과 불신감이 사그라지지 않았다.

아이의 증세가 진정된 후 또다시 영유아보육법을 찾아보았다. 더욱 화가 치밀어 올랐다. 보육기관에서 전염병에 대한 치료 및 예방조치를 하지 않은 것은 위법이었던 것이다. 아이가 난생처음으로 견디기 힘든 고통을 겪으면서 사흘 내내 밥도 못 먹었는데, 이게 다 어린이집의 안일한 대처 때문이라는 생각에 분노가 커졌다. 백번 양보해, 내가 신문기자라고 해서 신문법 조문을 줄줄이 꿰고 있지 않듯이, 어린이집 선생님들도 일부러 이런 상황을 만들지는 않았으리라 믿고 싶었을 뿐이다.

복직 때문에, 말도 못하는 16개월짜리 아이를 어린이집에 보낸 것이 늘 마음에 짐이었다. 그런데 이렇게 전염병에 덜컥 옮아오니 엄마로서 자괴감과 죄인 된 기분에 휩싸인다. 더군다나 믿었던 어린이집을 더이상 신뢰할 수 없다는 생각이 들기 시작하니, 믿을 수도 없는 곳에 자식을 맡겨야 하는 내 신세가 그렇게 불행하게 느껴질 수가 없었다. 엄마로서의 역할을 방기하는 일처럼 느껴지기까지 해서 우울한 기분에 휩싸였다. 때문에 이후 늘 어린이집을 퇴소하는 문제에 대해 고민했다.

마음 같아서는 집에서 아이를 종일 돌보고 싶었지만, 현실적으로 혼자서 젖먹이 둘째 아이와 함께 둘을 감당하는 것이 지속가능한 육아를 불가능하게 만들 것 같았다. 엄마도 지치고 아이도 지치는 악순환이 계속될 게 불 보듯 뻔했다. 그래서 나는 다니던 어린이집에 오전 시간에만 잠시 다녔다 오는 정도의 대안을 생각해냈다.

둘째 아이가 조금 더 자란 뒤엔 결국 어린이집을 퇴소했다. 그런데 이런 내 결정에 대해 페이스북에 썼더니 반응이 놀라웠다. 같은 입장에 처한 워킹맘들이 "존경한다" "대단하다"며 칭찬일색인 것이다. 나 역시 숱한 고민 끝에 내린 결론이긴 했지만, 어린이집에 보내지 않고 집에서 엄마가 아이를 키우는 것이 그 정도로 칭송(?) 받을 일일 줄은 몰랐다. 그만큼 요즘 엄마들에게 누군가의 도움 없이 혼자 아이를 키우는 일이란 만만치 않게 어려운 일이란 이야기일 것이다.

모든 어린이집이 문제 덩어리라는 건 아니다. 여성이 계속 일을 하고 가정과 사회 시스템이 조화롭게 굴러가려면 공공 영역에서 감당하는 보육 기능도 분명히 필요하다. 훌륭한 교사가 있고 시스템적으로 잘 갖추어진 어린이집도 많다. 어린이집에 보내지 않는다고 해서 아이가 아프지 않고 자랄 수는 없고, 엄마와 함께 집에 있다고 해서 항상 즐겁고 행복하기만 한 것은 아닐 것이다.

그럼에도 엄마로서 우울한 마음을 갖게 하는 건, 정도가 너무 심해서다. 엄마들은 울며 겨자 먹기로 아이를 맡길 수밖에 없다. 부모들이 믿을 수 있으면서도 충분히 만족할 만한 보육 기관은 왜 그렇게도 부족한 것일까. 한국사회에서 엄마가 일을 하려면 왜 아이는 하루 온종일 어린이집이나 남의 손에 맡겨져 키워져야 하는 걸까. 이 사회는 왜 이렇게 상식을 기대하기 힘들어서, 어렵게 아이를 맡긴 후에도 항상 의심과 걱정의 눈으로 바라봐야만 하는 걸까.

셋

꽃으로도
때리지 말라

2015년 1월, 정초부터 전 국민이 치를 떨었다. 인천 송도국제도시의 한 어린이집에서 보육교사가 김치를 뱉는다는 이유로 4살짜리 아이의 머리를 강하게 내리치는 CCTV 장면이 공개됐기 때문이다. 교사에게 맞은 아이가 멀찌감치 나가떨어지고, 같은 반 아이들이 이 폭행 장면을 무릎을 꿇은 채 지켜보는 장면은 충격 그 자체였다.

당시 나는 둘째 아이를 임신하고 있었다. 차마 그 모습을 보지 못하겠어서 회사에서 그 뉴스가 나올 때마다 TV에서 고개를 돌리고 있곤 했다. 하지만 24시간 뉴스 채널을 틀어놓는 회사의 특성상이 뉴스를 피해가긴 힘들었다. 우연히 해당 장면을 본 후로는 내내 심장이 떨리고 가슴에 못이 박힌 것마냥 갑갑한 기분이 들었다. 어린이집에서 하루를 보내고 있을 첫째 아이 생각에 마음이 더욱 무거웠다.

사건 후 어린이집의 아동학대 문제가 여론의 도마에 올랐다. 경찰청은 전담팀을 꾸려 전국 어린이집을 전수조사하고, 정치권은 어린이집의 CCTV 설치 의무화 방안을 놓고 갑론을박을 벌였다. 어린이집 보육교사들은 CCTV 설치 의무화가 근본적으로 아동학대를 방지하는 방안이라고 볼 수 없으며, 오히려 교사에 대한 인권을 침해하고 감시하는 역효과를 낳는다며 반발했다. 보육교사의 열악한 근무환경과 박봉 등 처우 문제에 대한 사회적 관심도 높아졌다.

하지만 사건 1년이 지난 지금, 뜨거웠던 여론은 다소 가라앉았다. 지난 1년 사이에도 크고 작은 어린이집 아동학대 문제가 뉴스에 오르내리곤 했다. 어린이집에서 이가 부러지거나 뾰족한 바늘에 찔리는 아이들도 있었지만, 이런 엽기적이고 충격적인 학대 행위에도 불구하고 대중의 감각은 점점 무뎌지는 듯했다. 그사이에 이 문제를 방지하기 위한 근본적인 대책이 마련되었기를 기대하는 건 무리였다. 2016년의 어린이집이라는 키워드는 이제 아동학대가 아니라 누리과정 예산 문제로 바뀌어 회자되고 있다.

최근의 아동학대 이슈는 가정으로 그 무대를 옮겨왔다. 2년 넘게 집에 감금되어 부모로부터 학대당하다 가까스로 탈출한 인천의 11세 소녀 이야기는 세상 사람들에게 큰 충격을 줬다. 이를 계기로 교육부가 실시한 장기 결석 학생 전수조사 결과는 더욱 끔찍했다.

조사가 실시되자마자 장기 결석 아동 가운데 학대로 사망한 아동들의 사례가 속속 밝혀졌다. 부모의 폭행으로 사망했지만 시신마저 훼손된 채 4년간이나 방치되었던 경기도 부천의 초등학생, 부모로부터 구타당해 숨졌음에도 가출 신고된 채 집의 방 안에서 백골 상태로 발견된 중학교 1학년생….

하지만 아동학대로 사망에까지 이르는 사건들은 새로운 일이 아니다. 2013년 세상을 떠들썩하게 했던 두 '계모' 사건도 있었다. "친구들과 소풍을 가고 싶다"던 8세 의붓딸을 폭행해 숨지게 한 울산의 계모, TV 소리가 시끄럽다며 8세 의붓딸을 때려 사망케 한 경북 칠곡의 계모 사건은 아직도 사람들의 간담을 서늘하게 만든다.

입에 담기조차 끔찍한 이 사건들의 공통점은 모두 가해자가 부모라는 사실이다. 전체 아동학대 사건의 가해자 중 80퍼센트 이상이 부모 및 의붓 부모라고 한다. 놀라운 수치지만, 이것이 현실이다. 아동학대 문제가 가정의 울타리 안으로 숨어버리면, 학교나 지역사회가 손을 쓸 수 없는 한국사회의 허술한 법망이 문제다.

부모로부터 폭행당하고 사망에 이르기까지, 그 아이들은 매일매일이 지옥이었을 것이다. 물리적으로 가해지는 폭력뿐만 아니라 아프게 던지는 한 마디 한 마디 말, 아이에게 보내는 무서운 눈빛 하나하나…. 매일같이 얼마나 아이를 고통스럽게 했을까. 부모가 되기 이전에도 아이에 대한 폭력만큼 잔인하고 끔찍한 일이 없다고 생각했지만, 부모가 된 후 이런 사건들을 접하는 것은 더욱 힘겨운 일이다.

'꽃으로도 때리지 말라'고 했다. 작고 여리고 어여뻤을, 상처만 가득안고 스러졌을 안타까운 어린 영혼들을 떠올리면 가슴이 미어진다. 내 아이들처럼 꼬물거리는 3킬로그램 갓난쟁이로 태어났을, 엄마 젖을 빨며 엄마 품속에서 곤히 잠들었을, 꿈 한번 제대로 꿔보지 못하고 세상과 작별했을, 그 아이들을 위해 잠시라도 미약한 기도를 올린다.

어린 시절에 학대받은 경험은 아이의 뇌에 깊은 상처를 남긴다고 한다. 가톨릭대 대전성모병원 최지욱 정신건강의학과 교수는 미국 하버드대 의대 연구팀과 함께 진행한 실험에서 성장기에 학대를 경험한 집단의 뇌 영상에서 언어회로와 감정중추 등의 이상을 발견했다. 일반인의 뇌 회로가 고속도로처럼 넓고 쭉 뻗어 있는 것과 달리, 학대경험군의 뇌 회로는 좁고 구불구불한 국도와 같았다. 이런 뇌 회로는 언어 지능 저하나 감정조절 기능 장애 등을 초래할 수 있다고 한다.

뉴스에서 접하는 아동학대 사건은 부모가 된 나를 돌아보게 하는 계기가 된다. 사회기사에서나 볼 법한 엽기적인 사건이라며 나와는 무관하다고 자신할 수가 없다. 물론 정도의 차이가 크겠으나, 엄마인 나 자신이 내 아이에게 작게나마 상처를 주고 나아가 학대를 하고 있는지 모를 일이기 때문이다.

동생이 태어난 후 스트레스를 많이 받는 첫째 아이가 최근 자아가 더욱 강해지면서 돌발 행동을 많이 한다. 몸에 균형이 생기고 의지를 갖고 행동하는 경우가 잦아진 동생이 자신의 영역을 침범하면, 동생을 밀치거나 때리는 일이 왕왕 생긴다. 다른 것은 몰라도 동생에게 무력을 행사하는 것만은 절대 용납지 않겠노라고 마음먹은지라, 그때마다 강하게 훈육을 하려 애쓴다. 단계적으로는

우선 엄한 눈빛으로 야단치기, 다음으로 손들고 무릎 꿇기, 마지막
은 '엉덩이 팡팡하기'다.

　아무리 마음을 다잡고 훈육을 하려 해도, 때로는 뒤돌아 곧바로
후회가 될 정도로 스스로에게 부끄러워질 때가 있다. 스트레스나
육체적 피로로 힘들 때는 나도 모르게 나쁜 감정이 실린 상태로 야
단을 치는 경우가 생긴다. 한번은 크게 야단을 맞은 아이가 몇 시
간 후 아무 일 없었다는 듯 생글생글 웃으며 "엄마, 무서웠어요"라
고 말하는데, 부끄러워서 쥐구멍에라도 들어가고 싶었다. 그러잖
아도 둘째 때문에 잠을 못 자고 체력이 한계에 다다라 신경질적으
로 훈육을 했다 싶던 차였기 때문이다. 또 언젠가는 말하지 못하

는 동생에게 "자꾸 그러면 혼난다!" 하고 소리치는 아이의 모습도 목격했다. 보자마자 머리를 망치로 두들겨 맞은 기분이 들었다. 말투며 억양이 꼭 내가 자기한테 하는 모양새와 꼭 같았기 때문이다. 아이의 촉수는 이렇게나 예민하고 정확하다.

아이는 찰흙 같다고 한다. 부모가 어떻게 오밀조밀 만지느냐에 따라 아이의 성격과 품성이 달라진다. 오늘 하루 내가 아이를 어떻게 대했느냐가 내 아이의 미래를 좌우하게 되는 것이다. 모든 부모가 그 사실을 잘 알면서도, 몸과 마음이 벼랑 끝에 놓일 때는 그 사실을 간과하기 십상이다.

엄마가 행복해야 아이도 행복하다. 엄마가 건강하고 여유 있어야 엄마가 행복해진다. 하지만 좀처럼 엄마가 행복해지기는 쉽지 않은 세상이다. 결국엔 엄마인 내 자신이 스스로 노력하는 수밖에 없다. 엄마가 좀더 참고, 엄마가 좀더 견디고, 엄마가 좀더 수양하는 마음으로 하루하루를 살아야 한다. 너무 어렵고, 어렵고, 또 어려운 이야기이지만 말이다.

넷

"아빠 쓰레기"가
된 사연

남편은 애연가다. 결혼 전부터 담배 문제로 몇 번 툭탁거리기도 했는데, 백날 이야기해봤자 결국엔 본인의 의지 문제라는 것을 깨닫고 더이상 건드리지 않기로 했다. 이런 너그러운 마음을 가지게 된 것이 물론 내가 너그러운 사람이어서는 아니다. 남편은 내가 보는 앞에서 담배를 피우지 않고, 피울 땐 반드시 집밖으로 나가며, 집에 와선 칼같이 양치질을 하는 정도의 노력으로 우리의 갈등 목록에서 담배를 지웠다.

그런 식으로 크게 개의치 않을 수 있었던 것은 그땐 우리에게 아이가 없었기 때문이다. 아이가 생긴 후론 흡연에 민감해질 수밖에 없었다. 남편 역시 마찬가지였지만 그래도 아직 흡연 욕구를 완전히 억누를 수는 없었는지, 아직도 금연에 실패 중이다. 아니 크게 도전하지도 않았으니 실패라 하기도 좀 그렇다. 나름 도전이랍시고 전자담배를 사와서 몇 번 피우다 구석에 처박아 놓았는데, 이것을 노력이라 칭찬해야 할지 쓸데없이 돈만 썼다고 구박해야 할지 모르겠다.

그나마 다행이다 싶은 것은 담배를 피우러 밖에 나갈 때 좀 머쓱한 티를 낸다는 점이다. 아이들한테 미안해서인지 당당하게 담배만 들고 나가지 못하고, 재활용 쓰레기를 챙겨 나가거나 슈퍼에 가서 우유라도 사오겠다고 넌지시 말하고 나간다. 본인으로선 집밖에 나가야 하는 정당성 확보 차원이랄까.

문제는 말이 부쩍 늘기 시작한 첫째 아이다. 눈앞에 있던 아빠가 갑자기 안 보이면 "아빠 어딨지?" 하고 아빠를 찾게 된 것이다. 그때마다 나는 굳이 담배에 대해 설명해줄 필요는 없겠다 싶어 "아빠는 쓰레기 버리러 나갔어"라고 절반의 사실만 말해주었다. 그랬더니 녀석이 어느 날 아빠가 담배 피우러 밖에 나갈 때마다 이렇게 이야기하기 시작했다.

"아빠 쓰레기?"

"…!"

겉으로는 박장대소했지만, 담배 피우는 남편에 대한 불만을 아들이 의미심장하게 대변해준 듯해서 내심 통쾌하기도 했다. 그러나 남편은 이 사실을 알려주었음에도 아직 금연을 하지 못했다. 앞으로 아들에게 얼마나 더 심한 모욕감(?)을 느껴야 담배를 끊을지 눈앞이 캄캄하긴 하다.

아이가 말을 하기 시작하면 웃음이 절로 나는 재미난 에피소드가 많아진다. 주어, 목적어, 술어에 대한 개념이 분명치 않으니 이것저것 생략하다 황당한 이야기가 되어버리는 경우도 다반사다. 이런 재미난 추억들은 무엇과도 바꿀 수 없는 인생 최고의 보물이리라.

하루하루 다르게 성장하는 어휘력과 말솜씨를 보고 있노라면 인간의 지적 발달이 이토록 놀라운 것인지 새삼 놀랍다는 생각이 든다. 일단 "엄마" "아빠"를 의미있게 말하기 시작하면 그 성장 속도는 일사천리다. 그때부터는 이제 언어를 무한정 확장할 일만 남았다.

최근엔 첫째 아이와 문답은 물론 감탄사와 의성어까지 섞어가며 하는 '대화'가 비로소 가능해졌다. 다른 것보다도 부모와의 상호작용이 가장 중요하다는 생각에 무슨 의미인지 모를 말을 해도 "그래?" "정말?"이라고 호응했더니, 녀석은 내 말에 토끼눈을 뜨고 "그래요?" "그런 거예요?" 하고 답한다. 확실히 아이들은 부모의 언어를 그대로 모방한다. 때론 그렇게 말하는 모습이 너무 어른스러워 보여 깜짝깜짝 놀랄 때가 있다.

내가 말과 글로 먹고사는 직업을 가진 엄마여서인지, 아이의 언어에 대해 유난히 관심이 큰 편이다. 취재를 하면서도 늘 그 사람이 쓰는 단어와 화법에 대해 예민하게 접근해서인 것 같다. 그러다보니 아이의 말에 대해서도 촉각을 곤두세우고 듣게 됐다. 오늘은 어떤 표현을 새롭게 했는지, 그 표현에 대해 잘 이해하고 있는지, 그 말을 하게 된 맥락은 무엇인지 등 늘 단어 하나하나에 세심하게 듣고 관찰한다. 그렇게 아이의 언어를 자세히 들여다보면 타고난 성격이 보이고, 미세한 성장이 느껴지고, 감정의 다양한 변화를 알아차릴 수 있다.

특히 아이라고 해서 굳이 아이의 단어나 어투를 쓰지 않고, 되도록 어른들이 쓰는 정확한 용어를 쓰면서 질문에는 논리적으로 대답해주려고 노력한다. 그것이 아이의 언어는 물론이고 사고 체계를 다져주는 바탕이 되리라 믿기 때문이다. 뇌가 폭발적으로 성장하는 유아기에 경험한 말들이 평생을 사용할 언어 자산이 되리라 기대하면서 말이다.

요즘 엄마들은 아이가 말이 늦되면 다른 발달도 더딜까봐 노심초사한다. 말 못하는 어린 월령의 아기에게도 말하기 수업을 시키거나 한글공부 책을 읽어주기도 한단다. 하지만 유아의 언어 발달 과정에서 중요한 요소는 아이가 언어로 얼마나 표현하는지가 아니라 성인의 언어를 잘 이해하고 있는지 여부라고 한다. 때문에 말을 시작하기 전엔 조급해하지 말고 부모와 아이 사이에 소통이 잘 이뤄지고 있는지부터 초점을 맞춰야 한다. 사실 처음 입을 떼기 어려워서 그렇지, 막상 말을 하기 시작하면 아이들의 언어 능력은 급속도로 발전한다.

아이들은 매사에 자극을 받고 새로운 것을 습득한다. 특히 결정적인 자극이 되어 아이의 뇌 회로를 확장하는 것은 자신만의 살아 있는 특별한 경험들이다. 바로 스스로 난관을 뚫고 문제를 해결해보는 경험, 인위적이지 않고 우연하면서도 의미 있게 만난 새로운 인연들, 또 부모와 함께 나눈 농밀한 상호작용 등이다.

돌아보면 나를 놀라게 했던 아이의 말들은 모두 나와 함께했던 실제 경험에서 나온 것이었다. 평범한 일상 속에서 나와 함께 읽었던 책, 나와 함께 나누었던 이야기, 좋아하는 동·식물을 우연히 마주쳤던 경험을 통해 아이의 세계가 만들어지고 있었다. 작심하고 신청한 체험 수업을 받은 경우는 의외로 일회성에 그쳤다.

한번은 블록 쌓기에 한참 집중하고 있기에 물어봤다.

"뭐 만들고 있어?"

그랬더니 돌아오는 대답이 참 뭉클했다.

"응. 우주 만들어. 내가 엄마(한테) 우주 만들어줄게."

함께 읽었던 책 속의 우주, 함께 보았던 만화 영화 속의 우주, 밤하늘의 별을 보며 이야기해주었던 그 우주였다. 그 자신이 하나의 우주인 아이들은 매일매일 자신만의 우주를 쌓아가고 있다. 이 작고도 큰 존재를 키워나가고 있다는 사실이 새삼 놀랍고 무겁다.

다섯

내가 모르는
내 아이의 시간들

　어떤 어린이집은 하루 일과 중 찍은 아이의 사진을 엄마들에게 카카오톡으로 바로바로 보내주곤 한다. 일터에 있든 다른 일과 때문이든, 아이 곁에 있을 수 없지만 아이의 일상이 궁금한 엄마들은 실시간 스마트폰으로 그 모습을 살펴볼 수 있다.

　하지만 첫째 아이가 다니던 작은 가정어린이집은 아날로그 스타일이었다. 하루 일과를 정리한 알림장에 그날 찍은 사진을 일일이 프린트해 한장 한장 붙여서 보내주곤 했다. 그러다보니 회사에서 일을 하다가 지금 아이가 무엇을 하는지 어떤 모습인지 궁금해도 퇴근할 때까지 꾹 참아야만 했다. 실시간으로 사진을 전송해주는 다른 어린이집이 부러워서 원장 선생님께 건의도 해보았지만, 스마트폰을 잘 사용하지 않는 다른 양육자도 있다는 이유로 지금의 방식을 고수한다는 답이 돌아왔다.

퇴근하고 집에 가서 알림장을 열어볼 때면 괜히 가슴이 두근거렸다. 내가 모르는, 내가 관여할 수 없는 내 아이의 시간. 그 시간속에서 아이가 어떤 순간을 보냈을지 너무도 궁금하고 내심 걱정스러웠기 때문이다. 사진 속 아이가 친구들과 함께 환하게 웃고 있는 날은 마음이 놓이고, 왠지 무표정하고 시큰둥한 느낌이 드는 얼굴이 사진에 찍혀 있으면 오늘 하루가 힘들었는지 기분이 별로였는지 마음이 아팠다. 사진이라는 찰나의 순간이 아이의 하루를 모두 말해줄 수 없다는 것을 잘 알면서도, 엄마들은 그 작은 것에라도 집착할 수밖에 없다.

그래도 사진 촬영은 디지털 카메라로 한 것이기에, 어린이집은 6개월에 한번 아이의 사진을 정리해 한꺼번에 압축 파일로 보내줬다. 이미 알림장 사진으로 매일매일 다 보았던 사진이지만, 디지털 파일로 받아 한꺼번에 열어보는 느낌은 또 달랐다. 내 아이의 지나간 시간들이 한 편의 드라마처럼 쫙 펼쳐지는 기분이었다고 할까.

6개월의 사진 파일을 두 번 받고 나니, 사진 속 내 아이는 아기에서 어린이가 다 되어 있었다. 아직은 매사 엄마가 필요한 나이, 그런 작고 어린 아이에게 엄마가 없는 기억이 존재한다는 것이 미안하기도 하고 서운하기도 했다.

가만히 살펴보니, 왠지 사진 속 아이의 표정 중 8할은 심드렁해 보였다. 가까스로 찾은 웃는 얼굴도 어딘가 허전해 보였다. 혹시라도 사진 속 이 순간에 엄마를 그리워하고 있었는데 곁에 못 있어준 건 아닌가 싶어 표정 하나하나에 눈을 뗄 수 없었다. 아이들을 재우고 혼자서 사진 파일을 열어본 그날, 나는 컴퓨터 모니터를 앞에 두고 훌쩍훌쩍 눈물을 흘렸다. 출장 간 남편에게는 나와 같은 기분을 느끼지 말라고 그중 예쁘게 웃고 있는 사진들만 골라 스마트폰으로 전송했다.

회사에 복직한 후 첫째 아이는 오전 9시 30분부터 길게는 저녁 6시 30분까지 어린이집에 머물곤 했다. 아직 말을 못하는 17개월 때부터였다. 너무 어릴 때 어린이집이라는 제한된 공간에서 정해진 규칙을 따라야 하는 단체 생활을 시킨다는 게 항상 마음에 걸렸다. 둘째 아이를 낳고 다시 육아휴직을 했을 때는 가까운 곳에 도와줄 사람 하나 없는 상황에서 두 아이를 키우려면 어린이집의 도움이 불가피하다는 생각으로 첫째 아이를 어린이집에 보내며 스스로

합리화했지만, 마음 한구석은 늘 불편했다.

하루는 어린이집에 급식 도우미를 하러 가서 아이들이 어떤 하루를 보내는지 지켜볼 수 있었다. 직접 눈으로 보니 내가 몰랐던 내 아이의 일상이 퍼즐조각처럼 맞춰지는 듯했다. 안심되고 다행스러운 면도 많았으나, 엄마 된 입장에서는 떼놓는 시간이 안타깝다는 생각이 더 커졌다.

그날 아이는 엄마가 어린이집에 함께 있는 게 신기했는지 기분이 들떠 있었다. 그러다 내가 배식하러 나가자 엄마가 사라진 줄 알고 엉엉 울었다. 점심밥은 거의 먹지 않고 내 옆에서 내내 칭얼댔다. 선생님은 "평소엔 씩씩하게 잘 먹는데 엄마 있어서 어리광 피우나 봐요"라고 말씀하셨다. 주책없게 그 말에 눈물이 핑 돌았다. 아직 아기인데 나름 사회생활을 하느라고 씩씩하고 의젓하게 행동해왔다는 생각을 하니 짠했던 것이다.

보육기관에서는 교사 한 명이 여러 명의 아이들을 돌보다 보니, 아무리 선생님이 바삐 움직이더라도 공백이 생기고 어느 순간 누군가 방치되기 마련이다. 형제자매가 별로 없는 요즘 아이들이 어린이집에서라도 다른 사람과 함께 살아가는 방법에 대해 배운다지만, 선생님과 친구들 사이에서 아이들도 스트레스가 많을 것이다.

아무리 좋은 선생님이라도 아이의 24시간을 알지 못하면, 즉 엄마가 아니면 알아들을 수 없는 말들이 있다. 아직 말이 서툰 아이와 대화하려면 언어가 아니라 일상생활의 맥락을 유추하며 이해해야 하는데, 아이의 모든 일상을 알 수 없는 선생님들은 그것 역시 불가능하다. 아이의 불완전한, 하지만 의미 있는 일상의 말들은 허공에 흩어지기 일쑤다.

지나온 어떤 순간, 아무도 자기를 이해해주지 못한다는 느낌을 받았을지도 모를 내 아이가 측은하면서도 대견했다. 별달리 대단한 것을 해주지는 못해도, 집에서 엄마와 살을 부대끼며 일상을 채워나가는 것이 가장 좋은 방법이 아닐까 싶었다. 그래서 결국 적은 시간이라도 아이와 온전히 함께 지내기 위해 어린이집을 퇴소하고 가정보육을 했다.

둘을 끼고서 하루하루를 보내는 것은 정말 고되었다. 정신없이 흘러가는 일과 속에서 나 자신은 온데 간데 없고 애들 뒤치다꺼리만으로 바빴다. 때론 몸도 마음도 피곤해 멍하니 아이들을 방치하는 순간도 생겼다. 어쩌다 둘이서 같은 시간대에 낮잠이라도 자주면 하느님 부처님은 물론 알라신에게까지 감사한 마음이 샘솟을 정도였다.

그러나 딱 한 가지, 내가 모르는 내 아이들의 시간이 더이상 없다는 사실이 나에게 큰 힘을 주었다. 지금 이 순간이 아니면 이렇게 아이들과 오롯이 함께할 기회가 내 인생에 또 올까. 아이들은 금방 자랄 것이다. 그 빛나는 시간들을 함께할 수 있음에 감사할 따름이다.

여섯

SNS에 아이 사진 올리기에 대하여

갓 태어나 꼬물대던, 내 몸의 일부였던 생명체는 이제 어느덧 자라 말도 하고 밥도 먹는, 나와는 분리된 한 '인간'이 되었다. 잠든 아이들을 보고 있으면 언제 이 사랑스러운 아이들이 내 곁으로 온 것인지 신비로울 때가 있다. 아이들은 고집을 부리고, 원하는 것을 요구하기도 하며, 나와 함께 하루에도 몇 번의 실랑이를 벌인다. 그렇게 시간이 흐를수록 아이들이 나로부터 조금씩 독립되어간다는 것을 느낀다.

처음으로 아이가 태어났을 때, 나는 그 벅찬 기분을 마구 자랑하고 싶어 종종거렸다. 할 수 있는 것은 휴대폰으로 가족과 가까운 지인들에게 출산 소식과 아이 사진을 보내주는 일 정도였다. 그리고 나의 일상과 생각들을 기록하고 공유하는 SNS에도 소식을 올렸는데, 결국 아이 사진은 빼고 출산 소식만 알렸다. 순간 고민이 들었기 때문이다. '아이가 이것을 원할까?'

기억하건대 출산했다는 소식과 함께 갓 태어난 신생아의 피 묻은(!) 얼굴 사진을 SNS에 올리는 사람도 있었다. 당사자에게는 가슴 벅차고 잊을 수 없는 인생의 기록이겠지만, 솔직히 보는 사람으로서는 뜨악했던 기억이다. 한 친구가 아이를 낳고 "이렇게 못 생길 수가 없다는 생각이 들었다"며 출산 후 충격을 받지 말라는 조언을 했었는데 왜 그런 말을 했는지 알 것 같았다. 갓 태어난 아기는 부서질까 겁날 정도로 작고 조심스러우며 신비로운 존재이긴 하지만, 결코 예쁘기만 한 모습을 하고 있지는 않았기 때문이다.

냉정히 말해, 나의 두 아이도 그랬다. 내 눈에야 감격스럽고 예쁜 아기였지만 객관적인 눈으로 봤을 때 갓 태어난 녀석들은 꼭 물에 불은 순대마냥 쭈글쭈글 찌그러진 얼굴을 하고 있었다(미안하다. 아들, 딸! 하지만 엄마는 진실을 말해야만 한단다). 결국 감동적인 탄생의 순간과 갓 태어난 아기의 얼굴은 우리 집 사진앨범 속에 고이 간직하기로 했다.

아이 모습을 자랑하고 싶은 마음을 수차례 억누르다, 녀석의 쭈글쭈글함이 다소 가신 후에야 소심하게 페이스북에 한 장의 사진을 올렸다. 사진이 게시되니 보는 이에게 실감을 자아내기 때문인지 댓글이 폭발적으로 늘었다. 뿌듯한 마음이 들었다. 이후에도 종종 백일 기념사진을 비롯해 일상 속에서 찍은 사진들을 SNS에 올려 소개하곤 했다. 확실히 사진을 올리면 사람들의 반응이 뜨거웠다. 댓글 하나하나를 확인하고 답하면서 육아로 힘겨운 내 삶이 응원 받는 기분도 들었다.

그러다 걱정이 되었다. 누군가 SNS는 '싸구려 인정의 공간'이라고 했다. 이 말도 내 타임라인에서 읽었던 기억이 난다. 나 자신의 작고 사소한 인정욕구를 해소하자고 아이를 활용해도 되는 것일까 싶었다. 고개를 가로젓게 되었다. 뿐만 아니라 개인의 일거수일투족을 기록하는 SNS는 타인으로부터 감시의 수단이 되거나 혹은 범죄의 도구로 이용될 가능성이 있다. 내 개인의 이야기나 사진도 함부로 게재하지 않는 경우가 많은데, 아이의 사진을 무턱대고 올렸다가 아동 범죄 등 후회할 일이라도 생기면 어쩌나 싶은 걱정이 들었다.

SNS에 아이 사진을 올리는 행위에 대해 내가 너무 과잉해석을 하는 것일지도 모른다. 하지만 아이는 아직 인터넷이라는 개념도, 그곳에 자신의 사진이 올라가 있다는 사실도 알 리가 없다. 당사자의 의사를 묻지도 않고 자기는 모르는 타인에게 성장과정을 생중계하는 것은 심각한 인권 침해가 아닐까. 언젠가 아이가 자라 "왜 나한테 묻지도 않고 사진을 올렸어?" "그 사진은 마음에 안 드니 삭제해줘"라고 말하면 어떻게 해야 할지 막막해졌다. 더 나아가 "엄마에게 내 초상권이 있는 건 아니잖아?"라고 따지고 들면 어쩌나 싶다.

그런 고민이 든 순간부터 나는 많은 사람이 볼 수 있는 공개적인 SNS에는 아이의 사진을 올리지 않고 있다. 일면식이 있는 사이일 경우에만 친구를 맺긴 하지만, 사적인 친밀도가 없는 경우도 많기 때문이다. 대신 아이와 함께하는 재미난 에피소드와 나의 마음속 이야기는 글로 풀어내며 꼼꼼히 기록해두려 한다. 물론 가족이나 사적으로 가까운 사람하고만 친구를 맺은 SNS에는 아이의 사진과 함께 성장 스토리를 간간이 소개하기도 한다.

"아이들은 그대들을 통해 이 세상에 왔을 뿐, 그대들의 것은 아니다."

칼릴 지브란은 《예언자》에서 이렇게 말했다. 아이들은 나의 몸을 통해 이 세상에 태어났지만 나와는 별개로 독립된, 작은 타인이다. 아무리 작고 여린 아이들이라 해도 한 명의 인간으로서 충분한 존중을 받을 자격이 있다. 내 SNS에 아이 사진을 올리지 않기는 그러한 존중의 의미에서 하는 실천이다. 그게, 나를 통해 세상에 온 타인에게 할 수 있는 최소한의 예의라는 생각이 들어서다. 요즘처럼 고도화된 미디어 시대, 첨단 인터넷 시대에 이건 부모로서 한번쯤 고민을 해볼 필요는 있는 문제인 것 같다.

7장

인터넷 육아 시대

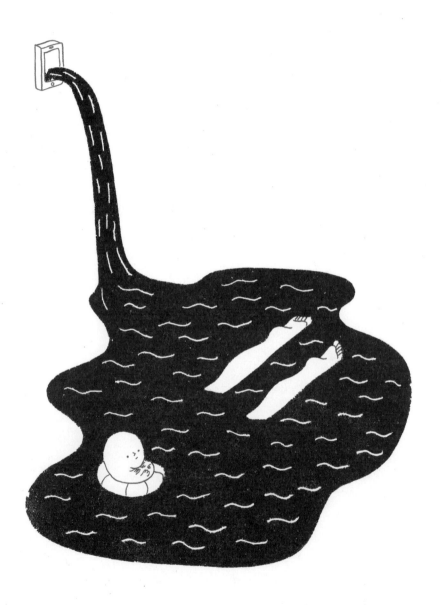

하나

인터넷 카페는
엄마들의 백과사전

    잠자리에 들기 전 에너지를 주체하지 못하던 천방지축 첫째 아이가 식탁에 올라갔다가 머리를 뒤로 크게 찧었다. 내가 봐도 세게 넘어진 데다 아이도 심하게 울어서 밤늦은 시간에 대학병원 응급실에라도 가봐야 하나 싶을 정도였다. 조급한 마음에 소아청소년과 전문의인 사촌언니에게도 전화해보고, 인근 대학병원 응급실에도 전화를 해보았다. 그랬더니 만약 머리를 심하게 다친 거라면 MRI 촬영을 해봐야 하는데, 방사능 피폭이 불가피하니 어린아이의 경우 고려해봐야 한다는 공통된 답이 돌아왔다.

    마침 남편도 해외 출장을 가서 혼자 두 아이를 돌보던 상황이라

전적으로 나의 판단이 필요했다. 머릿속은 갈팡질팡했다. 시간이 좀 지나니 아이 상태가 괜찮아지는 것 같아서 응급실에 가는 게 너무 호들갑인 게 아닌가 싶기도 하고, 또 한편으로는 만일의 상황에 대비하기 위해 한시라도 빨리 병원에 가서 사진을 찍어봐야 하는 게 아닌가 싶기도 했다. 조급한 마음에 갈등하다 야밤에 두 아이를 차에 태워 응급실 문턱까지 갔다가 결국엔 핸들을 돌려 다시 집으로 돌아오는 난리 통을 겪었다.

집에 돌아와 잠든 아이를 지켜보며 내가 할 수 있는 일은 '검색질'이었다. 엄마들이 많이 모여 있는 인터넷 카페에 접속해 '뇌진탕' 'MRI' 등 관련 키워드로 검색되는 글을 찾아보는 일 말이다. 물론 그곳에서 알 수 있는 내용 역시 사촌언니와 응급실 담당의사로부터 들은 이야기와 크게 다르지는 않았다. 그럼에도 나는 행여 내가 미처 알지 못한 정보가 있을세라 관련한 글을 죄다 찾아보면서 불안한 마음을 씻어내려 애썼다.

아이를 키우면서 크고 작은 일이 생길 때마다 항상 엄마들이 많이 모이는 인터넷 카페를 찾게 된다. 책에서도 찾을 수 없고 물어볼 만한 마땅한 사람도 없지만, 꼭 누군가에게 물어보고 싶은 문제가 있을 때가 참 많다. 아픈 아이에게 이상 증세가 있을 때, 동네 어린이집이나 병원의 평판이 궁금할 때, 살지 말지 고민되는 장난감이 있을 때, 아이 키우며 황당한 일을 겪었을 때….

그럴 때 인터넷 카페에 접속해 검색창을 두드리면 희한하게도 나와 비슷한 처지에 놓인 엄마의 글 한두 사례는 꼭 찾을 수 있었다. 누군가 친절하게 남긴 댓글은 내게 절실하고 소중한 정보가 되곤 했다. 설사 그것이 전문가의 똑 부러지는 답변이나 정확하지 않은 정보라 할지라도, 이런 일을 나만 겪는 것이 아니고 누구에게나 일어날 수 있는 일이라는 사실을 확인하는 것만으로도 위안이 되었다. '이미 같은 일을 경험한' 누군가의 한 마디는 그렇게 큰 힘이 된다.

엄마들이 많이 모이는 인터넷 카페에 가면 참 시시콜콜한 질문과 이야기들도 많이 올라온다. 각종 정보는 물론 개인적 경험과 사소한 일상까지 그 범위는 참으로 광대하다. 가끔 보면 뭐 이렇게 개인적인 이야기를 누구나 다 보는 인터넷에 올리나 싶을 정도로 무안한 경우도 있다. 그런데 그 얼굴도 모르는 누군가가 쓴 글에 일일이 댓글을 달며 호응을 하고 답변을 해주는 이들도 참 많다. 엄마가 된 지 얼마 되지 않았을 때는 '참 오지랖 넓은 사람 많다'는 생각도 했다.

하지만 다년간 독박육아를 해보니 그 이유를 알 것도 같다. 엄마들이 외롭기 때문이다. 엄마들 곁에는 무엇이든 물어볼 수 있고, 이야기를 들어주고, 마음을 위로해줄 누군가가 별로 없다. 아이를 키우기 전처럼 마음대로 친구를 만나거나 외출을 하기도 힘들다. 대신 인터넷 카페에는 나와 비슷한 처지에 놓인 엄마들이 비슷한 갈증과 욕구를 갖고 모여 있다. 그곳에선 누구든 나의 이야기를 들어줄 수 있고, 내 질문에 답해줄 수 있다.

나 역시 비슷한 또래의 아이를 키우는 엄마들이나 친구들도 있지만, 시시콜콜한 일상들까지 공유하고 일일이 고민을 털어놓을 만큼 밀접한 관계의 지인이 내 행동반경 안에는 없다. 있다 해도 서로 일과 육아에 바빠 몇 달에 한 번 겨우 얼굴을 마주할 수밖에 없는 형편이다. 그렇다고 매일같이 얼굴을 마주하는 동네 엄마들이나 단골 가게 아주머니, 어린이집 선생님에게 궁금한 걸 일일이 다 물어볼 수는 없는 노릇이다. 그러다 보니 자연스레 인터넷 카페는 단골 휴식처가 되었다.

자주 드나드는 엄마들의 인터넷 카페를 세어보니 네 개 정도가 된다. 하나는 아이 키우는 엄마라면 누구나 가입했을 법한 대형 카페이고, 다른 하나는 결혼, 출산, 육아 정보가 총 망라되어 있어 기혼 여성이라면 한 번쯤 도움을 얻었을 만한 곳이다. 나머지는 내가 속한 동네 엄마들이 모여 만든 각종 지역 커뮤니티 카페들이다. 나는 이곳 인터넷 카페들을 통해 결혼 준비 과정에서부터 임신, 출산, 육아에 이르는 전 과정에 필요한 많은 정보를 얻었다.

임신을 준비할 때엔 여성의 배란 시기를 알려주는 배란테스트기라는 것이 존재한다는 사실을 인터넷 카페를 통해 처음 알았다. 카페에 모인 엄마들은 배란테스트기나 임신테스트기 결과지를 올려놓은 게시물을 보고 임신 가능성을 점쳐주기도 했고, 아기 초음파 사진을 보고 성별을 알려주는 '신공'을 발휘하기도 했다. 희한하게도 그 정확도는 꽤 높았다. 이런 게 바로 집단지성의 힘인 걸까. 저마다 임신을 준비하면서 얼마나 다양한 경험과 사연을 갖고 있기에 사진만 봐도 산부인과 전문의 못지않은 실력을 뽐낼 수 있는지 놀라울 정도였다.

출산을 앞두고는 먼저 아기를 낳은 선배 엄마들이 후기로 남긴 글을 수백 번 검색해보며 혼자서 시뮬레이션을 하곤 했다. 다른 이들의 경험을 공유함으로서 출산의 공포를 떨쳐버리고 두려움 대신 용기를 얻을 수 있었기 때문이다. 출산 후기에는 일종의 공식 같은 것도 있었는데, '굴욕 3종 세트'라고 불리는 제모, 관장, 내진 여부나 자연분만과 제왕절개 등 출산 방법을 미리 O, X로 적어 스펙을 미리 알려주는 식이었다.

아이를 낳고 키우는 모든 과정에서도 인터넷 카페는 나의 백과사전이자, 멘토이자, 정보원이 되었다. 돌이켜 생각해보면 내가 이렇게까지 이곳에 많이 의존하고 있었나 싶을 정도다. 엄마들이 인터넷 카페에 기대게 되는 이유는 결국 '사람'이 없어서다. 육아에 대한 궁금증과 고민을 해소해줄 지인이나 삶의 지혜를 전수해줄 어른이 손에 닿을 만큼 가까이에 없기 때문이다. '육아독립군' '전투육아' 등 전의가 넘치는 육아 용어가 유행하는 시대적 배경은 인터넷 육아의 부흥을 계속 부추긴다.

그러다 보니 인터넷은 육아의 표준이 되어가고, 새로운 육아 트렌드를 끊임없이 생산하고 유통한다. 이웃과의 왕래가 드물고 독박육아를 하는 엄마들이 많아지다 보니, 인터넷 카페는 실제 세계와 마찬가지로 각종 명암이 존재하는 하나의 가상 세계가 될 정도로 커지고 있다. 때문에 여성들의 인터넷 커뮤니티는 관련 업계의 빼놓을 수 없는 마케팅 타깃이 된다. 인터넷 커뮤니티를 통해 관련 시장의 가격과 질서가 형성되는 일련의 시스템은 임신, 출산, 육아 등 여성들의 생애 주기 이슈를 따라 끊임없이 이어지고 있었다. 때론 잘못된 정보가 맹신되거나 이상한 여론이 형성되는 경우도 있다. 인터넷 카페에서 회원들을 대상으로 하는 사기 사건도 종종 발생한다.

　요즘 세상에 인터넷 카페를 이용하는 것은 너무도 일상적이고 평범한 일이지만, 아이를 키우면서 너무 자주 인터넷 카페를 들락거리는 내 모습을 보면 어쩐지 마음이 좀 심란하다. 너무 많이 들어서 이젠 식상한 "한 아이를 키우려면 온 마을이 필요하다"는 이야기가 우리의 현실과는 맞지 않는다는 생각이 들어서다. 요즘은 마을, 공동체, 이웃 등 사람 냄새 나는 단어들은 선망의 대상이 될 정도로 드물어진 시대다. 종종거리는 마음으로 인터넷 창을 열 때의 공허한 심정은 그런 이유에서 온다.

둘

중고나라
애용자가 된 이유

"띠링~ 띠링~!"

스마트폰에서 '중고나라' 카페 어플리케이션 알람이 울리는 반가운 소리다. 오늘은 거실에 놓아둔 유아용 바닥매트와 실내용 미끄럼틀을 판매한다고 글을 올렸다. 비싸게 사서 비싸게 내놓은 매트는 아직 사겠다는 사람이 없지만, 저렴이 미끄럼틀은 누가 사겠다고 잽싸게 댓글을 올렸다.

매트를 너무 비싼 가격에 올렸나? 에이 아니다. 반년도 채 안 쓴 건데 그 정도면 거저지, 뭐. "…." 잊고 다른 일을 하자 싶다가도, 또 알람이 안 울리나 싶어 시간마다 물끄러미 스마트폰을 쳐다본다.

중고 물품 판매 글을 올리면 이렇게 심각한 스마트폰 중독 현상을 겪어야만 한다. 언제까지? 물건이 완전히 다 팔릴 때까지.

벌써 유아용 바닥매트는 몇 번이나 팔아치웠는지 모르겠다. 이사를 오가고, 가구 배치를 바꿀 때마다 매트 때문에 영 계산이 안 나오는 경우가 많았다. 그때마다 머리를 굴리고 굴리다 안 되면, 있던 매트를 중고로 팔고 원하는 사이즈의 새로운 매트를 구입했다. 왜 유아용 매트의 사이즈는 그렇게 천편일률적일까!

이번에 매트를 내놓은 이유는 우리 집이 1층이기 때문이다. 그동안에는 둘째 아이가 잘 걷지 못해 넘어질까 싶어 매트를 사용했는데, 이제 제법 잘 걷기 시작해 매트를 없애는 편이 더 낫겠다 싶었다. 거실 바닥이 아무것도 없이 편평하다면 집에서 붕붕카를 타고 놀길 좋아하는 첫째 아이에게도 나을 것 같았다.

중고나라를 애용하기 시작한 것은 아이를 낳은 후부터다. 하루하루 시간은 더디 가지만, 지나고 보면 아이는 눈 깜짝할 사이에 얼마나 쑥 자라있는지…. 큰마음 먹고 장난감을 사줘도 그 장난감은 어느새 아이에게 시시한 물건이 되어 있다. 유아용품의 실질적인 이용기한은 너무 짧고, 아이를 키우다 보면 늘 새로운 물건이 필요하기 마련이다. 하지만 그걸 모두 새로 사주려면 등골이 휠 수밖에 없다.

심리적으로나 물리적으로도 가까운 누군가로부터 물려받거나 잠시 빌려 쓰는 것이 가능하다면 좋겠지만, 이 복잡한 도시에서 외로운 섬처럼 살아가는 현대의 엄마 아빠들은 옆집에 누가 사는지도 모른 채 살아간다. 유아용품을 물려 쓰고 빌려 쓸 만큼 이웃과 친밀한 관계를 맺고 살기란 꽤나 힘든 일이다.

그러니 새 물건을 사서 인터넷에서 중고로 팔거나, 중고로 저렴하게 구입하는 것이 가장 합리적이고 편리한 방법이 되었다. 중고 거래를 몇 번 해보니 이 바닥에도 엄연한 규칙과 매너가 있다. 제일 먼저 댓글을 단 '1빠 댓글러'에게 우선권을 주는 것이라든가, 연락처는 개인정보를 생각해서 쪽지로 주고받는다든가 하는 식이다. 깎아달라고 떼쓰거나 찔러보기만 하고 잠수를 타는 '비 매너'는 노 땡큐, 에누리 없이 군말 없이 바로 사는 '쿨 거래'는 땡큐다.

중고거래를 하다 경찰의 수사협조(?) 대상이 됐던 일화도 있었다. 모유 유축기를 팔려고 인터넷에 판매 글을 올렸는데, 유축기를 사려던 사람이 내 글에 댓글로 자기 연락처를 적었다가 누군가로부터 사기를 당했기 때문이다. 사기꾼은 피해자에게 자기가 원래 판매자인 것처럼 연락을 해 계좌번호를 보냈고, 돈만 받아 챙긴 후

바로 잠수를 탔다.

때문에 나는 전라도 어느 소도시의 구수한 사투리를 쓰던 경찰
관 분에게 자초지종을 설명하고 입출금 내역이 찍힌 통장 등 증거
자료를 보내주어야 했다. 사회부 기자 시절 내 집 드나들 듯 다니
던 경찰서였는데, 막상 아줌마 된 처지로 경찰 아저씨에게 사기 사
건에 대해 이야기를 하다 보니 어찌나 간이 쪼그라들던지···. 인간
이 이렇게 참 시시한 존재다. 여하튼 본의 아니게 나 때문에 5만 원
을 허공에 날린 피해자에게 심심한 위로의 말씀을 드린다.

워낙 중고거래 사이트에서 사기거래가 자주 일어나다 보니, 가
까운 동네 커뮤니티를 통해서만 중고 물품을 사고파는 엄마들도

많다. 예전에 살던 동네 엄마들의 커뮤니티에는 사고팔기 참 면구스러운 사소한 물건들도 자주 등장하곤 했다. 한 팩당 3천 원 남짓하는 모유 유축 팩을 천 원에 사고팔거나, 기저귀를 사면 붙어 있는 점수 쿠폰도 몇 점당 얼마씩 가격을 매겨 사고팔기도 했다. 싼 물건을 공동구매해 나눠 쓰거나 동네에 대박 세일 정보가 있으면 기동력 있는 엄마가 대신 구입해서 나눠주는 생활의 지혜도 주고 받았다.

아이 키우며 서로 뻔히 아는 처지에, 싼 가격에 필요한 물건을 사고팔 수 있어 마음이 참 편했더랬다. 이따금 이웃을 위해 필요 없어진 물건을 '드림'하는 훈훈한 일도 종종 일어났다. 우리 집에도 그런 '드림 이벤트'를 통해 이웃 엄마에게 받은 아이 그림책이 몇 권 있다. 받을 때만 해도 갓난아기였던 첫째 아이가 이제는 그 책들을 재미있게 읽고 있다.

유아용품을 사고팔다 보면 많은 엄마 아빠들을 만난다. 지폐 몇 장과 중고 물건을 주고받기 위해 만나면 꽤나 어색할 때가 많다. 하지만 어쩐지 서로 얼굴을 마주할 때면 마음이 짠하다. 모두들 내 아이 한 번 잘 키워보겠다고, 한푼 두푼 더 아껴 아이에게 더 많은 것을 경험하게 해주겠다고 열의에 가득 찬 모습이다. 간혹 '비 매너' 진상들도 있지만 대부분은 성실하고 착한 사람들이다.

내가 원하는 물건을 윤이 나게 깨끗하게 닦아서 싼 가격에 팔아주거나, 내게 애물단지가 된 물건을 돈 주고 사주는 사람에게 고맙다는 생각이 든다. 이따금 덤으로 멀쩡한 물건을 그냥 주거나, 멀리서 왔다고 천 원 이천 원이라도 깎아주는 사람을 만나면 그렇게 기분이 좋아질 수가 없다. 아이 키우는 일이란 게 그렇게 사람을 무장해제시킨다. 삭막한 인터넷 거래의 시대에 엄마들은 이렇게 인터넷을 통해 사람을 만나고 자잘한 정을 나눈다. 아이러니하게도 말이다.

셋

"○○동 □□아파트
친구 찾아요"

싱글이던 때엔 이해조차 할 수 없었던 '아줌마스러운' 일들이 많다. 예컨대 지하철에 자리 나면 뛰어가 앉기, 살찐 몸매 아랑곳 않고 다니기, 머리 안 감고 밖에 나가기 등이다. 그러나 아줌마가 된 나는 이제, 그 모든 행동들을 서슴지 않고 하게 되었다. 세상의 모든 여자가 아줌마로 변하는 일이란 엄마가 되어가는 과정 중에 생기는 불가피한 일들임을 알게 되었기 때문이다.

그래도 이런 건 뭐, 귀여운 수준이다. 인간적으로 나의 자존감을 크게 해치는 행위는 아니기 때문이다. 수많은 아줌마스러운 일들 가운데 내가 정말 이해할 수 없었던 것이 하나 있었는데, 그것은 바로 인터넷으로 동네 친구를 찾는 일이었다.

　엄마들이 많이 모여 있는 인터넷 카페에 들락거리다보면 "○○동 □□아파트 친구 찾아요"라는 글을 심심찮게 볼 수 있다. 이런 글을 볼 때면 솔직히 글쓴이가 은근히 한심하다고 생각돼서 '나중에라도 이런 사람은 되지 말자'고 속으로 다짐하기도 했다. 얼마나 인간관계가 엉망이면, 혹은 얼마나 친구가 없으면 인터넷에서 친구를 찾을까 싶어서였다. 모름지기 친구란 자연스러운 인연으로 만나 정을 쌓고 신뢰를 다져가며 만들어가는 것이 아니던가.

　하지만 나는 한 치 앞밖에 못 보는 인간인가보다. 지금의 나는 그런 글에 댓글을 달거나 인터넷을 통해 동네 친구를 만나는 일을 서슴지 않는 사람이 됐기 때문이다. 엄마가 된 여성들이 그런 글을 인터넷에 올리게 되는 숨겨진 연유들을, 이제는 온몸으로 이해하기 때문이라고 설명하면 될까. 아직 스스로 "친구 찾아요"라는 글을 올리는 경지까지는 오르지 못했지만.

　결혼 전에야 한국사회의 역사와 진보, 민주주의와 정치 등의 거창한 문제들에 대해 고민한답시고 취재원이나 언론계 인사들과 주로 어울렸다. 사적으로는 인생 혹은 연애 상담을 늘어놓을 학창 시절 친구들을 즐겨 찾았다. 그러나 엄마가 되고 난 후 내 모든 일상의 90퍼센트 이상은 아이들이 점령해버렸다. 대화의 소재나 고민거리도 아이들을 벗어나기 힘들다. 신문은 늘 배달된 모습 그대로 처박혀 있고, TV나 인터넷도 마음대로 하지 못한다. 시사는커녕 상식도 바닥을 드러내고 있다. 사정이 이렇다 보니 이전의 인간관계들이 너무 생소하게 느껴지기까지 한다.

새로 이사 온 아파트에서, 나는 육아휴직 후 홀로 외딴 섬처럼 둥둥 떠다니며 오로지 아이들과 씨름하는 일상을 반복하고 있었다. 아이가 둘이나 생기고 나니 자유롭게 친구를 만나러 나갈 수도 없을뿐더러, 자주 만나던 친구라도 아이의 유무에 따라 혹은 키우는 아이의 연령대에 따라 대화 소재도 달라짐을 알았기 때문이다.

자연스레 '만나고 싶은' 친구가 아니라 '만날 수 있는' 친구를 찾게 될 수밖에 없었다. 나와 같은 일상을 살고 나와 비슷한 고민을 하는 사람. 단, 한 놈은 업고 한 놈은 안고서라도 만날 수 있는 가까운 거리에 있는 사람이 절실하게 필요해진 것이다. 그러니 답은 'ㅇㅇ동 ㅁㅁ아파트 친구'를 찾는 길로 귀결되는 수밖에.

원래 종횡무진 돌아다니는 걸 좋아하는 나는 둘째 아이의 백일이 지나자 좀이 쑤시기 시작했다. 말 못하는 둘째 아이의 젖을 먹이고 똥기저귀를 갈고 목욕을 시키는 일이 무한 반복되고, 이제 말을 익히기 시작한 첫째 아이와 스무고개 같은 대화만 이어가다보면 내 영혼이 내 것이 아닌 것 같은 기분에 휩싸일 때가 많았다. 하루 종일 두 아이하고만 씨름하는 날이면 내가 이 사회에서 불필요한 존재, 도태된 존재가 되어가는 것 같아 두려워졌다.

그러다 결국, 나도 인터넷으로 '○○동 □□아파트 친구' 찾기에 돌입했다. 둘째 아이와 태어난 해가 같은 2015년생 아이 엄마들 카페에서 주최(!)하는 '정모'에 참여하기로 마음을 먹은 것이다. 자존심이니 뭐니, 당장 내가 살아야겠다는 생각이 우선이었다. 오히려 괜한 자존심에 외톨이 육아를 하는 것이 스스로를 괴롭히는 어리석은 일이라 여기게 됐다. 친정과 시댁이 모두 멀리 있고 유모차 끌고 다닐 만한 지적에 친한 친구가 살고 있지 않은 것이 내 탓은 아니지 않느냔 말이다.

모임은 활발했고, 단체 카톡창은 수시로 울려댔다. 마침 이사 온 아파트 단지가 새로 생긴 곳이라 나 같은 입장에 놓인 엄마들이 많았던 모양이다. 저마다 앞다퉈 모이자고 제안하던 엄마들은 하나같이 아기띠를 하거나 유모차를 이끈 채 '후줄근한' 차림으로 나타났다. 오래된 유년 시절의 친구를 만날 때에나 가능할 것만 같은 초췌한 민낯도 서슴지 않았다. 육아에 지친 엄마들은 하나같이 남

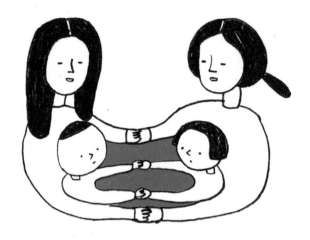

이 만들어 내주는 커피 한 잔에 그렇게도 감격스러워했다. 그런 엄마들을 만나자 왠지 든든한 동지들을 얻게 된 기분이었다.

　나의 답답함도 답답함이지만, 아이들의 동네 친구를 자연스럽게 만들어주겠다는 생각도 컸다. 아이 둘을 안고 업고 아무리 놀이터를 돌아다녀봐도, 제대로 된 친구를 사귀기가 여간 어려운 일이아니었다. 요즘 아이들은 꽉 닫힌 아파트 철문 너머로 "○○야, 놀자"를 외치며 친구를 부를 수도 없고, 동네 골목에서 만나 얼음땡을 하면서 자연스럽게 새 친구를 사귈 수도 없다. 어릴 때부터 어린이집이나 학원에 다니지 않으면 친구를 만나기조차 어렵다. 엄마가 발로 뛰지 않으면 아이는 친구 없이 외롭게 지내야 하는 현실인 것이다. 요즘 엄마들이나 아기들이나 모두 불쌍한 인생살이다.

어쨌든 각박하고 바삐 돌아가는 요즘 세상에, 그렇게라도 친구를 만들고 사람 냄새를 맡고 싶어하는 젊은 엄마들이 오히려 더 인간적으로 보이기 시작했다. 먼 친척보다 이웃사촌이 낫다는 말이 가장 절절하게 다가오는 사람은 아마도 모르는 동네로 이사 온 엄마들일 것이다.

막상 정모에서 만나본 엄마들은 결코 한심한 인간도, 은둔형 외톨이도 아니었다. 모두 마음속으로 '외롭지 않게 서로 잘 알고 지내요'라는 생각을 전제로 만나니 관계는 더욱 편안하게 다가왔다. 더군다나 우리에겐 절대막강의 공감대, '육아'가 있지 않은가. 유모차를 끌고 만나면 누구든 "아기가 몇 개월이에요?"라는 말로 성별과 나이를 막론하고 친구가 될 수 있다. 그토록 단번에 동지애와 우정을 느낄 수 있는 경우도 없을 것이다.

그래서 나는 기꺼이, 앞으로도, 적극적으로 인터넷 카페의 "친구 찾아요"류의 멋쩍은 글에 댓글을 달리라는 다짐을 한다. 그것이 도시의 아파트촌이 만든 높디높은 벽을 부술 가장 효율적인 수단이라면, 나 역시 적극 활용하는 것이 현명하지 않겠느냐는 생각

에서다. 인간은 누구나 외롭고, 엄마도 인간이다. 머리 감을 시간
조차 없는 엄마들에게도 외로울 시간은 충분하다.

넷

성장앨범에
관하여

엄마들은 눈이 돌아간다. 멋진 옷, 화려한 액세서리 이야기가 아
니다. 바로 예쁜 아기 사진들을 볼 때 이야기다.

아이를 임신하고 출산이 가까워오면 산후조리원이나 산부인과
와 연계된 베이비 스튜디오에서 연락이 온다. 만삭 '무료'사진을
찍으러 오라는 안내를 위해서다. 보통 28~32주 사이에 촬영을 권
하는데, 배도 적절히 예쁘게 불러오고 산모도 너무 많이 붓거나 살
이 찌지 않아 좀 봐줄만 할 때이기 때문이다.

물론 이 사진 촬영이 온전히 무료가 아니라는 사실은 누구나 안
다. 이 무료 촬영은 이후 아이의 성장 시기에 따라 100일, 200일,

돌 기념사진 촬영으로 이어지는 '성장앨범' 구매를 권하기 위한 프로모션 상품이다. 스튜디오에서는 "꼭 계약 안 하셔도 된다" "의미 있는 순간을 사진으로 남기시라"며 예비 엄마들을 촬영장으로 이끈다. 엄마들은 함께 보내준 샘플 사진을 구경하다가 자기도 모르게 욕심을 낸다. '그래. 언제 또 임신으로 배부를 때 이렇게 멋진 사진을 찍어보겠어. 무료라니 한번 찍어보는 거야!'

하지만 막상 만삭 촬영을 해보면 계약의 유혹을 뿌리치기 힘들다. 우선 전문가의 손길로 만들어낸 작품 사진이니 갖고 싶은 마음이 굴뚝같아진다. 수십 컷 촬영을 해놓고도 계약을 하지 않으면 정작 마음에 드는 사진을 가질 수 없기 때문이다. 만삭 촬영 후 바로 성장앨범 계약을 하면 여러 가지 할인 혜택을 주겠다는 유혹도 이어진다.

첫째 아이 때 만삭 촬영을 갔다가 스튜디오 사진사 아저씨와 언성을 높인 일이 있다. 산부인과와 연계된 곳이라고 홍보하기에 무료 촬영을 했는데, 막상 사진을 찍어보니 그다지 마음에 들지 않았다. 그런데 계약을 하지 않으면 사진을 한 장도 줄 수 없으며, 대신 자기들이 운영하는 인터넷 카페에 홍보용으로 사진을 올릴 경우에만 해당 사진을 가져갈 수 있다는 것이었다. 스튜디오 측은 "사진의 콘셉트 자체가 상품이기 때문"이라는 이유를 들었다. 이에 나는 "초상권은 엄연히 내게 있는 것이니 원하지 않는 홍보용 사진은 올릴 수 없고, 무료 촬영이라고 현혹해 한 시간 가까이 촬영을 해놓고 계약을 않는다고 사진을 단 한 장도 주지 않는 것은 소비자를 우롱하는 것"이라고 강력히 주장했다.

스튜디오 입장에서야 무료 촬영만 하고 계약으로 이어지지 않으면 그 수고로움을 보상받을 수 없으니 그런 정책을 고수하는 것이겠지만, 엄연히 무료 촬영이라고 해놓고 계약을 종용하는 것은 강매와 다름없는 일이 아니겠는가. 아무튼 이런저런 설전이 오간 끝에 결국 잘 나온 사진 단 두 장을 쟁취(!)하는 것으로 갈등은 봉합되었다. 그러나 기분 좋게 촬영하고 사진을 주니 안 주니 하며 옥신각신했던 당시 상황을 떠올리면 아직도 기분이 불쾌해진다.

사실 우리 부부는 흔히들 하는 성장앨범 대신 사양 좋은 DSLR 카메라를 구입하기로 했다. 좋은 카메라를 늘 지니고 있으면 아이의 일상 속 소중한 모습을 예쁘게 담아줄 수 있을 것이라는 생각이었다. 스튜디오에서 판에 박힌 기념 촬영을 하는 것은 아이를 인형 취급하는 것이라는 생각도 들어서였다. 결혼하며 웨딩 스튜디오 촬영을 해본 경험으로 미루어보건대, 스튜디오 촬영 사진이라는 게 얼굴만 바뀌었지 남들과 똑같은 붕어빵 사진이라는 것을 충분히 예상할 수 있었기 때문이다.

첫째 아이를 낳고 보니 하루하루 예쁘지 않은 날이 없었다. 우리 부부는 매일같이 아이의 모습을 카메라에 담았다. 하지만 너무 집에서 자연스러운 모습만(자연스러운 모습이라 쓰고 '추레한' 모습이라 읽는다) 남기다 보니 예쁜 스튜디오에서 사랑스러운 옷을 입히고 찍는 기념사진 욕심도 났다. 그래서 고심 끝에 '셀프 촬영'이라는 것을 시도하기로 했다.

50일 기념사진은 우리 집 침실이 스튜디오가 됐다. 자연채광이 잘 들어오는 낮 시간대에 나무로 된 큰 침대 헤드보드를 배경으로 삼으니 분위기가 꽤 좋았다. 인터넷에서 개당 1만 원에 촬영 소품을 대여해주는 곳이 있어서 꿀벌 옷이나 왕관 등도 빌려 아이에게 입혔다. 마침 사진 잘 찍는 여동생이 집에 놀러온 터라, 여느 스튜디오 사진 부럽지 않은 사진들을 찍을 수 있었다.

100일과 돌 기념사진은 보다 도전적으로 '셀프 스튜디오'를 찾아갔다. 엄마들 사이에 셀프 촬영도 꽤나 유행이어서, 각지에 셀프 스튜디오가 엄청나게 많았다. 밤마다 애를 재우고 스마트폰으로 각 스튜디오의 콘셉트, 의상, 가격 등을 알아보기 위해 검색질을 하느라 눈알이 빠지는 줄 알았다. 셀프 촬영은 보통 2시간에 10만 원 전후의 비용을 내면, 스튜디오와 아기 의상과 소품, 카메라까지 대여해 자유롭게 촬영을 할 수 있다.

우여곡절 끝에 첫째 아이의 기념 촬영을 모두 마치긴 했지만, 세 차례의 셀프 촬영을 해본 우리 부부의 소감은 한 마디로 "못할 짓"으로 귀결되었다. 전문 베이비 스튜디오가 성황인 데는 다 이유가 있는 거였다. 아이의 예쁜 표정과 포즈를 사진에 담으려니 엄마 아빠의 '기술'로는 영 모양이 안 났던 것이다. 기술이 부족하다 보니 작품은 안 나오고, 아이 달래랴 사진 찍으랴 2시간도 채 안 돼 파김 치가 되었던 기억만 난다.

결국 둘째 아이는 베이비 스튜디오의 성장앨범을 계약하기 위해 알아보았다. 물론 계약서를 쓰기까지 많이 망설였다. 첫째 아이 때 굳이 고생을 자처하면서 직접 아이 사진을 찍었던 추억은 돈이 나 편안함으로 대체될 수 있는 것이 아니었기 때문이다. 또 강남의 유명 베이비 스튜디오가 100만 원이 훨씬 넘는 고가의 성장앨범 상품을 계약한 고객들을 두고 재정난으로 '먹튀'해버린 사건이 사 회 뉴스에 등장했던 기억도 걱정을 부풀렸다. 하지만 두 아이를 감 당하느라 제 정신이 아닌 우리 부부는 "아이 둘을 데리고 셀프 촬영은 도저히 불가능하다"는 사실이 무엇보다 중요했다. 결국 90만 원짜리 성장앨범을 계약함으로써, 우리는 모든 수고로움으로부터 탈출할 수 있었다.

과연 전문가의 손길은 훌륭했다. 아이 옷을 갈아입히거나 카메라 앞에서 아이를 웃겨주는 역할을 하는 여성 스태프도 따로 있었고, 촬영 기사님은 연륜과 기술을 토대로 순식간에 멋들어지는 사진을 척척 찍어냈다. 2년 전 땀을 뻘뻘 흘려가며 첫째 아이의 사진을 찍었던 우리는 이번엔 여유롭게 차를 마시거나 아이가 기분이 좋은지 배가 고프지 않은지 컨디션만 챙기면 그만이었다. 사진뿐만 아니라 잘 편집된 앨범, 다양한 크기의 사진 액자, 사진들로 만든 동영상, 양가 부모님께 선물할 수 있는 핸드폰 고리까지 받아볼수 있다니 이런 생각이 들었다. '역시 돈이 좋긴 좋구나'. 아, 이 심히 대조적인 기억이란…!

이쯤에서 드는 생각이 하나 있다. '아이 성장앨범, 꼭 해야 하는 걸까?'

요즘 엄마들은 아이를 낳기도 전에 육아 박람회에서 유모차나 카시트 고르듯 성장앨범 상품을 계약한다. 성장앨범이 하나의 산업이 되었고, 그 산업에 뛰어든 업체들이 시장을 넓히면서 그 속

에서 살아남기 위해 다양한
상품을 내놓고 각종 프로
모션을 하기 때문이다.
가장 사랑스럽고 예쁜
아이의 어린 시절을 카

메라에 담는 것은 좋은 일이지만, 그것
이 손쉬운 스튜디오 쇼핑으로 둔갑하는 순간 추억은 박제되어버
리곤 한다. 사회의 '의례'라는 기준에 구속되어 자신의 의지와는
다르게 소비하는 일에만 치중하고 있는 것이 아닌지 생각해볼 필
요가 있다.

둘째 아이에게는 좀 미안하지만, 나는 어쩐지 어설프고 촌스러
운 첫째 아이의 기념사진들에 좀더 정이 간다. 고생스럽게 찍었던
첫째 아이의 셀프 촬영 사진은 내가 직접 만든 앨범 속에 차곡차곡
정리되어 있다. 그 앨범 속에는 평소에 매일같이 찍어두었던 일상
속의 사진들이 더 많이 담겨 있다. 추억의 손때가 가득 묻어 있는
앨범이다. 한땀 한땀 장인정신으로 직접 만들어낸 내 아이의 진짜
성장앨범. 우리 집을 방문한 손님들에게 가장 자랑스럽게 내보이
며 자랑하는 최고의 물건이다.

이따금 들춰보는 앨범 속 아이들은 거짓말처럼 쑥쑥 자라고 있다. 디지털 사진은 잘 정리해두지 않으면 영원히 기억 속에서 사라지는 신세가 되는데, 앨범으로 만들어두길 정말 잘했다 싶다. 다 만든 앨범은 꼭 두 권씩 주문한다. 한 권은 우리 부부를 위한 선물이고, 나머지 한 권은 나중에 아이가 독립할 때쯤 아이에게 줄 가장 중요한 선물이다. 생생하고 오롯한, 내 아이들의 '인생 기록물'이다.

두 권 중 한 권을 따로 떼어 모두 아이에게 선물할 때가 오면 그 심정이 어떨까? 눈물이 날까, 가슴이 벅차오를까, 아니면 속이 후련할까. 아직은 더이상 아이의 성장앨범을 만들지 않아도 되는 때가 온다는 것을 상상하기가 힘들다. 지금은 그저, 부지런히 아이들을 카메라에 담을 뿐이다. 쌓이는 성장앨범과 함께 엄마도 아이도 함께 성장한다. 오늘도 엄마의 성장앨범은 계속된다.

다섯

누구를 위해
백일상을 차리나

'백일의 기적'이라는 말이 있다. 아기가 태어난 후 100일쯤 되면 목을 잘 가누거나 밤잠을 가리기 시작하는 등 비로소 인간으로 변모하기 때문이다. 이때쯤 되면 새끼를 낳고 만신창이였던 엄마들의 몸도 어느 정도 회복된다. 엄마나 아가나 좀 살만해지는 시기가 오는 것이다.

물론 '백일의 기절'이라고 고개를 가로젓는 이도 있다. 어떤 아이들은 태어나자마자 잘 먹고 잘 자며 모든 엄마들의 부러움을 사다가 100일을 기점으로 거꾸로 돌변하는 반전을 선보이기도 한다. 어쨌든 태어난 지 100일이 되는 아기에게는 무언가 크고 작은 변화가 생기기 마련이다.

　한편 엄마에게는 아기의 100일이란 하나의 숙제가 주어진다는 의미이기도 하다. 바로 '백일상'을 준비해야 하기 때문이다. 우리 선조들은 100이라는 숫자가 완전함을 뜻한다고 보아, 아기가 완성된 발육과 성숙의 단계에 들어서게 되는 생후 100일을 축하하기 위해 백일상을 차렸다. 전통 백일상에는 아기를 점지해주고 산모와 아기를 수호한다는 세 신령인 삼신三神을 모시는 의미로 쌀밥, 미역국, 정화수를 차려 '삼신상'을 올리고, 백일상에는 백설기와 제철 과일 등을 올린다.

　하지만 요즘은 삼신상이나 전통 백일상과는 거리가 먼 백일상이 더 많다. 집에서 직접 백일상을 차리기보다, 백일상 일체를 대여해주는 업체를 이용해 편리하게 기념하는 것이 추세이기 때문이다. 이 대여업체의 세계는 참 무궁무진하다. 인터넷에 '백일상'이라고 한 마디만 치면 수백 개의 업체가 검색된다. 업체마다 방식은 대개 비슷한데, 대여를 하면 앞에서 기념사진 촬영을 할 수 있는 현수막, 백일상을 그럴듯하게 꾸며주는 상보와 그릇, 장식 조화 등 갖가지 물품을 잔치 하루 이틀 전까지 집으로 택배를 보내준다. 배달된 물품들을 안내서대로 세팅하고 떡과 과일 등 음식을 준비

해 올려놓기만 하면 끝이니 이렇게 쉬울 수가 없다.

　요즘은 전통 백일상뿐만 아니라 서구식 파티 형식의 백일상도 많다. 아이의 100일을 축하하는 것은 우리 고유의 전통 풍습이지만, 유행에 따라 '유러피안 스타일' '북유럽풍 백일상' 등의 퓨전 형태로 변주되는 것이다. 나 역시 집에서 혼자 백일상을 차려야 해서, 이런저런 음식을 하거나 상차림을 준비할 엄두가 안 나 첫째 아이 때 대여업체를 이용했다.

　비용은 2~3만 원대 '저렴이'에서부터 10여만 원이 훌쩍 넘는 고급 상품까지 다양하다. 스타일과 디자인, 물품의 고급스러움에 따라 차이가 난다. 나는 유러피안 스타일을 대여하면서 6만 원의 대여료와 2만 원의 보증금(물품이 훼손됐을 때를 대비해 미리 내는 돈으로,

물품을 무사히 돌려주고 나면 돈도 돌려받는다)을 냈다.

둘째 아이 백일 때엔 그 비용을 아껴보겠다고 '엄마표'로 백일상을 차렸다. 어차피 다시 돌려줄 물품들을 위해 몇 만 원을 쓰는 게 아깝다는 생각이 들었다. 한번 해봤으니 백일상을 차리려면 무엇이 필요한지 대충 감이 왔기에 자신감도 생겼다. 하지만 결과적으론 그런 오판이 또 없었다.

'일단 아이 이름을 새긴 현수막을 만들어야지. 직접 머핀을 구우면 케이크를 안 사도 되겠지? 하지만 조금 썰렁할 수도 있으니 케이크에 파티픽을 만들어 꽂는 게 좋겠는데, 그러려면 컬러색지를 사야겠다. 아 그리고 천장이 휑할 지도 모르니 요즘 유행하는 아코디언볼을 사자. 나중에 아기 방에 인테리어용으로 달면 되니까. 아 참, 테이블보가 없는데 이참에 식탁보도 사지 뭐. 백일상 위에 올려둘 조화는 겸사겸사 사서 주방 옆에 꽂아두고….'

백일상을 구상하던 나는 점차 인테리어를 바꾸는 생각까지 하게 됐다. 막상 그럴듯한 백일상을 꾸미려니 당장 집에 없는 게 너무 많았기 때문이다. 그러다 보니 결국 셀프로 꾸민 백일상에 돈이 더 들어가게 됐다. 비용을 생각하면 그냥 대여업체에서 빌려 상을 차리는 게 이득이었다.

DIY라고 하지만, 막상 자세히 들여다보면 진정한 의미의 엄마표 DIY가 존재하는지 의문이다. 그림을 그리고 가위로 색종이를 잘라 붙이는 원시적인 방법은 이젠 별로 없다. 인터넷으로 도안을 다운로드 받아 잘라 붙이는 DIY는 물론, 이미 완성되어 있는 반제품을 조립만 하면 되는 DIY도 흔하다. DIY도 결국은 소비의 다른 방식일 뿐이다. "직접 만들었다"는 만족감을 구매하는 것이다.

이렇듯 전통 백일상의 의미는 퇴색되어가고 돈이면 얼마든지 손쉽게 백일상을 꾸밀 수 있는데도 요즘 엄마들은 왜 백일상 차리기에 안간힘을 쓰는 것일까.

저출산 시대에 아이 한둘이 전부인 요즘 엄마들에게 백일상 차리기는 일종의 '모성 실험대'와도 같다. 아이와 관련한 의례들이 모두 중요한 의미를 지니겠지만 백일상은 그 첫 경험이기 때문이다. 내 아이를 위해 이만한 열성을 보일 수 있다, 내 아이가 남들 다하는 것을 누리게 하고 싶다…. 백일상에는 이러한 엄마들의 욕망이 깊게 투영된다. 들인 돈과 시간, 정성 등 모든 노력이 내가 모성을 쏟아부었다는 '증거'인 셈이다.

소비가 곧 존재인 현대 사회에서, 엄마들의 이런 욕망은 '나는 내 아이에게 이 정도 돈을 쓴다'는 메시지로 치환된다. 백일상 차리기는 결국 자신의 모성을 쏟아붓고 이를 과시할 가장 손쉬운 수단인 소비 행위로 귀결되는 것이다. 국적도 목적도 알 수 없는 의례가 되어버린 요즘 백일상 차리기를 보면, 이것이 과연 누구를 위한 의례일까 알쏭달쏭해진다.

여섯

돌잔치가 아니라
'돈 잔치'

곧 둘째 아이의 돌이다. 둘째 아이의 첫 번째 생일잔치는 가까운 직계 가족만 초대해 집에서 간소하게 치르기로 했다. 예쁜 돌 사진을 찍어주려고 돌잡이 용품과 돌상 정도만 대여하고, 음식은 집에서 차려 가족들에게 대접을 할 생각이다.

첫째 아이 때는 돌잔치를 앞두고 남편과 티격태격 다투었다. 나나 남편이나 남들처럼 비싼 호텔 레스토랑이나 돌잔치 전문 식당을 빌려 크게 돌산치를 치룰 생각은 애초부터 없었지만, 초대할 가족의 범위를 놓고 의견이 달랐기 때문이다. 결국 우리는 아이 생일날 정갈한 한정식 집을 빌려 양가의 직계 가족만 초대해 간단히 점심 식사를 했고, 그 자리에서 가족들과 함께 아이의 돌잔치 기념사진을 찍어주었다. 모인 인원은 모두 열 명 안팎이었다.

그렇게 작은 돌잔치를 열게 된 까닭이 있다. 나는 아이를 낳기 전부터, 그다지 친분이 두텁지 않은 지인이 돌잔치에 초대하면 당혹스러웠다. 그 사람의 결혼식에도 가지 않았는데 말이다. 그럼에도 돌잔치에 오라고 부르는 것은 대체 무슨 의미일까 한번쯤 곱씹어봐야 했다. 그리고 그런 고민은 꽤 불편하고 마뜩잖았다.

물론 초대한 사람이야 1년간 애지중지 키운 아이를 많은 사람 앞에 자랑도 하고 싶고 스스로 축하하고 싶은 마음에서 파티를 여는 것이겠지만, 초대받는 입장에서는 편한 마음으로 응하기 쉽지 않았다. 그래도 모른 척하기 어려운 경우가 있어 간혹 돌잔치에 가곤 했는데, 갈 때마다 나는 혀를 내두르곤 했다. 무슨 아기 돌잔치가 이렇게 화려한 파티 같은지 의아하고 놀라웠기 때문이다.

호텔이나 고급 레스토랑에서 돌잔치를 치를 때엔 룸 대여비만 수십만 원에 달한다고 한다. 반드시 채워야 하는 '보증 인원'이 보통 30~50명은 되고 손님들의 식대만 인당 최소 3만 원, 비싸면 10만 원에 가까운 곳도 있으니 아기 돌잔치 한 번 치르는 데 수백만 원의 예산이 든다고 봐야 한다.

돌잔치의 꽃인 돌상을 차리는 데도 최소 10만 원에서 수십만 원에 이르는 비용이 든다. 그곳에 올릴 떡과 과일, 음식 등을 장만하는 데도 만만찮은 돈이 필요하다. 돌상을 전문적으로 차려주는 '출장 업체'도 인기다. 보통은 돌잔치를 위해 예약한 식당과 돌상 전문 업체가 제휴를 맺어 장사를 하는 식이다.

돌잔치 장소를 구하고 돌상을 차리는 일이 꽤나 복잡한 일이다 보니, 아예 돌잔치만 전문적으로 진행하는 전문 레스토랑도 성행한다. 예식장처럼 돌잔치 전문 홀을 여러 개 구비해놓고 식사는 뷔페로 하는 식이 보통이다. 이곳에서는 알아서 돌잔치에 필요한 준비를 해주는 것은 물론, 전문 MC가 돌잔치를 식순에 따라 진행해주니 엄마 아빠는 크게 준비할 것도 없다.

물론 그래도 엄마는 준비할 게 많다. 돌잔치가 아기의 첫 번째 생일을 축하하기 위한 자리이기도 하지만, 1년간 아기를 키우느라 고생한 엄마 아빠가 자축하기 위한 자리이기도 하기 때문이다. 그동안 매일 무릎 나온 트레이닝복에 '쌩얼' 신세이던 엄마들은 이날만은 결혼식 이래 최고의 미모를 과시하게 된다. 때문에 돌잔치 날에 입을 드레스와 한복, 전문 메이크업과 헤어 스타일링을 위해 폭풍 검색에 들어간다.

뿐만 아니다. 아기의 성장 스토리를 담은 '성장 동영상' 제작을 위해 예쁜 사진을 찾아두어야 하고, 잔치 당일 멋진 사진을 남기기 위해 요즘 유행하는 스냅 사진 전문 스튜디오도 골라야 한다. 돌잔치에 온 손님들을 위해 선물할 답례품을 고르는 것도 일이다.

그렇게 수고롭게 손수 고른 관련 '업체'들에 대해 인터넷 카페에 후기를 남기는 일도 중요한 업무다. 엄마들은 돌잔치 후기에 의상은 어느 대여 업체, 메이크업과 헤어는 어느 미용실, 스냅 사진은 어느 스튜디오에서 했는지를 상세히 기록한다. 이런 후기는 결국 관련 업체의 홍보 수단으로 사용되는데, 업체는 할인 혜택이나 추가 서비스 등을 미끼로 엄마들의 후기 작성을 권장한다. 엄마들은 그 후기를 토대로 업체를 선택하고, 또 혜택을 얻기 위해 업체를 대신 홍보해주는 연결고리를 이어간다.

돌잔치를 한 번 치르려면 이렇게 많은 예산과 준비가 필요하니, 돌잔치 시장은 갈수록 비대해지고 있다. 최근엔 돌잔치만을 위한 전문 박람회인 '돌잔치 페어'도 생겨났다. 공장에서 물건을 찍어내듯 하는 결혼식에 진절머리가 난 지 오래인데, 돌잔치마저 남들과 같은 붕어빵 잔치로 비싼 돈을 들여가며 꼭 치러야만 할까 싶다. 화려하고 성대한 돌잔치는 남들의 눈을 의식하고 번듯한 형식에

얽매이는 한국사회의 체면치레가 낳은 기이한 문화가 아닌가 생
각해본다.

원빈, 이나영 부부의 강원도 산골 결혼식 등 연예인들의 작은 결
혼식이 화제가 되면서 일반인들도 작은 결혼식에 관심을 갖는다

고 한다. 돌잔치 역시 마찬가지다. 화려한 파티 대신 가까운 가족만 모여 소박하게 식사를 하고 축하를 하는 작은 돌잔치를 선호하는 젊은 부부들도 늘고 있다. 아예 돌잔치를 치르지 않고 그 비용을 아이 이름으로 기부하거나, 가족 여행을 떠나는 데 쓰는 지혜로운 방법을 택하는 이들도 있다.

아이가 태어난 후 1년간은 정말 고생스럽지만 보석 같은 시간이다. 그 시간을 무사하게 보내고 건강히 자라준 아이에 대해 축하하는 일이 알량한 소비의 향연으로 이어지는 것이 꽤 불편했다. 그래서 나는 돌잔치가 아니라 '돈 잔치'를 치르는 이 이상한 행렬에서 좀 빠져 있기로 한 것이다.

8장

헬조선 헬육아

하나

한국이 싫어서

2015년 가장 많은 화제를 몰고 온 소설 중 하나는 장강명의 《한국이 싫어서》였다. '헬조선'이라는 말이 크게 유행하듯, 한국에서 살아가는 것 자체가 고통이고 불행이라 여기는 이들이 많아진 시류를 반영한 현상이다.

요즘 한국사회는 그야말로 지옥이다. 취업 자체가 하늘의 별따기가 된 젊은 대학생들은 학자금을 마련하느라 아르바이트를 전전하면서 기성세대로부터 착취당하는 일에 이골이 나 있다. 이제 사람들은 흙수저를 물고 태어나서 아무리 '노오력'한다 해도 금수저, 은수저를 물고 태어난 이들을 이겨낼 재간이 없고, 소득과 부의 재분배는 현실 속에선 일어나지 않는 순진한 이론에 그칠 뿐이라는 사실을 잘 알고 있다. 개천에서 용 나는 일은 오랜 과거의 판타지일 뿐이며, 아무리 용을 쓴들 성공은커녕 제자리 유지조차 힘겨운 시대라는 것도 말이다. 그러니 이 땅을 떠나고자 하는 사람들의 욕망이 들끓을 수밖에.

소설은 이런 한국인들의 고통과 불만, 욕망과 절망을 정확히 겨냥한다. 행복과는 너무도 거리가 먼 대한민국 사람들이 이 땅을 떠나려는 이유에 대해 적나라하고 세심하게 서술하고 있다. 주인공 계나는 한국을 떠나 호주로 가는 이유를 이렇게 이야기하는데, 절로 고개가 끄덕여진다.

"한국에서는 딱히 비전이 없으니까. 명문대 나온 것도 아니고, 집도 지지리 가난하고, 그렇다고 내가 김태희처럼 생긴 것도 아니고, 나 이대로 한국에서 계속 살면 나중엔 지하철 폐지 주워야 돼."

'인 서울' 대학을 졸업했지만 대단치 못한 집안에, 평범한 직장을 다니는 계나의 미래는 스스로 이야기하듯 그리 밝지 못해 보인다. '그래도 그 정도면 한국사회에서 살기에 평균은 되지 않을까?' 싶다가도, 어느새 계나의 생각을 자연스레 수긍하고 있는 자신을 발견하면 우울해진다. 계나는 곧 평범한 우리들의 모습이기 때문이다.

자본이 별다른 제지 없이 세습되는 사회에서는 세대를 거듭할
수록 불평등이 강화되기 마련이다. '세습자본주의'를 비판하며
《21세기 자본》을 쓴 토마 피케티 프랑스 파리경제대학 교수가 정
의한 피케티계수는 한 나라의 순자산을 그 나라의 국민소득으로
나눈 값으로, 숫자가 높을수록 자본으로 인한 불평등 정도가 심각
하다는 뜻으로 해석된다. 한국의 피케티계수는 7이 넘는데, 이는
세계 최고 수준이다. 이러니 젊은이들이 '수저계급론'을 논하며 탈
출을 꿈꾸는 게 당연하다. 흙수저는 그저 흙수저로 생을 마감해야
하는 게 불 보듯 뻔한데, 이 땅에 무슨 애정과 미련이 남을까.

그렇다고 금수저, 은수저의 인생이 특별히 부러운 것도 아니다.
명문대를 나오고, 집도 잘 살고, 강남 출신인 계나의 남자친구 지
명은 뭐 대단히 다른 인생을 살고 있을까. 방송기자인 지명은 하루
에 6시간도 못 자고 당장 오는 토요일에 쉴 수 있을지 없을지도 모
른 채 바쁘게 살아간다. 대한민국에서 성공한 삶을 유지하기 위해
서는 그만큼 피곤한 일상이 평생토록 기다리고 있다. 한국사회에
서 '진짜 직업'으로 대우받는 일을 하고 있지만, 그에게 과연 '진짜
삶'이 존재하는지는 의문이다.

진짜 삶이란 무얼까. 삶이란 매사가 작은 전쟁과도 같다. 인생을 조금이라도 확장하고 발전시켜나가려면 항상 골치 아픈 고민거리들이 앞다투어 우리를 괴롭힌다. 무엇으로 어떻게 먹고살 것인가, 돈은 어떻게 모으고 불릴 것인가, 좋은 집과 차를 사려면 얼마나 노력해야 할 것인가, 내 자식들을 어떻게 교육하며 키울 것인가…. 생활의 무게는 생각보다 크고, 우리의 삶은 대체로 이러한 경제생활적인 이슈에 파묻혀 있다.

하지만 사람이 빵만으로는 살 수 없듯이, 우리를 보다 인간답게 만드는 것은 생활을 넘어선 가치와 이상, 지향 같은 것들이다. 무엇을 위해 살아야 하는가, 어떻게 돈을 벌고 어떻게 쓸 것인가, 내 자식에게 어떤 세상을 물려주고 싶은가…. 사람이라면 누구나 마음속에 이러한 고민과 삶의 방향을 지니고 살길 원한다. 진짜 삶이란 관념과 실존의 문제가 적절히 어우러져, 자신의 현재와 미래를 모두 그리면서 살 수 있는 삶이 아닐까.

그런데 요즘 한국 사람들의 삶에는 그 균형이 무너져 있다. 먹고살기 바쁘다 보니 삶의 방향과 미래에 대한 고민이 사치가 되어버리는 탓이다. 사람들은 점차 사회를 움직이는 담론과 정치, 구조와 혁신의 문제에 대해 백안시하고 거리를 둔다. 사실 알고 보면 그런 것들이 내 삶을 좌지우지하는 더 큰 영향력을 지니고 있는 문제임에도, 막상 내가 할 수 있는 일이 없고 당장 중요한 문제가 아니라는 착각으로 외면한다. 자본주의 사회에서 개인은 갈수록 미약하고 무력한 존재가 되어가고, 우리는 점점 더 그저 살아남는 데만 골몰하며 진짜 삶으로부터 멀어져간다.

이 사회에서는 그저 살아남기 위해 포기하고 참아야 하는 것들이 점점 더 늘어가고 있다. 연애·결혼·출산을 포기하는 젊은이들을 '3포 세대'라 부르더니 여기에 더해 집과 인간관계를 포기하는 '5포 세대'를 넘어 이젠 아예 꿈, 희망 그리고 모든 삶의 가치를 포기한 'N포 세대'라고 일컫는다. 그렇게 모든 것을 포기하고 살아야 하니 살아가야 하는 이유, 진짜 삶을 찾겠다는 희망을 품는 것은 쉽지 않은 일이 된다.

나는 20대의 마지막 날을 여의도 국회의사당에서 보냈다. 정치부 기자로 국회를 출입하던 때였는데, 내년도 예산안을 갖고 여야가 씨름하는 통에 국회 로텐더 홀에서 연말 카운트다운을 할 정도로 일에 파묻혔다. 당시 새누리당의 전신인 한나라당 시절의 여당 담당기자로서 내가 했던 일은, 그 속에서 벌어지는 권력쟁투에 촉각을 곤두세우는 게 대부분이었다. 그 속에 있으면 그런 것만이 정치인 줄 착각하게 된다.

하지만 정치는 삶이다. 삶을 좌우하는 것은 사회의 규칙이고, 그 규칙을 만드는 것이 정치다. 사회구성원들의 삶을 조금이라도 더 낫게 변화시키는 일이 정치의 원동력이 되어야 하는데, 내가 현장에서 본 우리 정치는 그런 것에는 크게 관심이 없었다. 그러다 보니 보통의 사람들에게 정치는 뉴스로만 존재할 뿐, 삶과는 무관한 영역의 일이 되어가고 있다. 우리가 꿈꾸는 진짜 삶은 정치, 권력, 언론 등으로부터 구조적으로 행해지는 거대한 기만 속으로 빨려 들어가버린 채 사라지고 있다.

진짜 삶을 잃어가고 있는 대한민국 사람들은 대체 어디에서 행복을 찾아야 할까. 고통의 연속일 뿐인 삶을 조금이라도 개선하고 생활 속의 변화를 찾는 일은 가능할까. 글쎄, 불행하게도 이미 이 공고한 불평등의 질서에 짓눌려버린 사람들은 행동하기보다 외면하고 도망치는 것이 쉬운 일임을 직감한 듯하다. 행동해봤자 주어진 젊음의 시간은 속절없이 흐르고 나의 아이들은 순식간에 자라버릴 것이라는 계산이 나오기 때문이다. 그러다 보니《한국이 싫어서》의 계나처럼, 한국을 떠나고자 하는 사람만 늘고 있는 것이 아닐까.

　소설 속에서 행복이란 '자산성 행복'과 '현금흐름성 행복'으로 나뉜다. 전자는 은행에 자산을 쌓아두듯 한번 이루어낸 성취를 바탕으로 이자율 높은 행복을 찾는 것이고, 후자는 이렇다 할 성취를 이루지 못해 낮은 금리의 행복 자산을 갖고 있어서 순간의 행복을 계속 창출해야 하는 것이다. 대부분의 평범한 사람들은 자산 자체가 많지 않아 현금흐름성 행복을 추구해야 하는데, 한국사회는 이마저도 점점 어려운 곳으로 퇴보 중이다. 과연 이곳에서 나의 아이들을 행복하게, 아니 '무사하게' 키워낼 수 있을까.

요즘 들어 남편은 이민 이야기를 자주 꺼낸다. 기왕이면 하와이로 가자고 한다.

"우리 애들이 학원에 가는 대신 그 시간에 바다에서 서핑하고 우리와 함께 여행하는 모습을 상상해봐."

그의 말에 절대 반박할 수가 없다. 엄마가 된 이후로는 항상 내 아이들의 미래가 판단의 기준이 되는데, 이곳에서는 미래는커녕 한 치 앞도 안 보이는 것 같아서다. 물론 우리에게 필요한 것은 유토피아가 아니며, 유토피아란 존재하지 않는다는 것을 잘 알고 있다. 그저 '한국이 싫어서', 한국만 아니면 된다는 생각을 지울 수 없다는 게 안타깝다.

둘

북유럽풍이
유행인 이유

아이를 키우며 집에만 있다 보니 좀이 쑤셔서 이런저런 할 일을 찾아 만들어 벌인다. 요즘은 가구 배치를 바꾸는 데 정신을 쏟고 있다. 책장을 거실로 들어내고 소파 위치를 바꾸면서 서랍장도 새로 하나 들였다. 그러다 보니 일이 점점 커져, 아예 온 집 안을 뒤집어 바꾸게 생겼다. 인테리어의 화룡점정으로 쿠션이나 각종 소품도 바꿨는데, 결과적으로 집 곳곳을 북유럽풍 별모양 쿠션과 삼각 가랜드 등으로 장식하게 됐다.

그러고 보니 '북유럽풍'이 꽤 오랫동안 유행이다. 북유럽풍 인테리어, 북유럽풍 옷, 북유럽풍 소품 등…. 요즘 생활 곳곳에서 북유럽풍을 찾기란 어려운 일이 아니다.

첫째 아이의 돌을 맞아 마련해준 옷도 북유럽풍 블루머 멜빵바지였다. 블루머Bloomer란 바짓단에 고무줄을 넣어 모양을 동그랗게 부풀린 여성용 바지다. 남자아이에게 굳이 이 바지를 사준 이유를 돌이켜보니, 왠지 이 바지를 입으면 우리 아이가 굉장히 세련돼 보일 것 같다는 기대감에서였던 것 같다. 살림에 큰 재능이 없는 나 같은 사람도 이렇게 몇 가지 아이템을 보유하고 있는 것을 보면, 북유럽풍이 진짜 대세이긴 한가보다.

사실 회사 생활을 할 때엔 북유럽풍에 대해 그다지 관심이 없었다. 하긴 북유럽풍 하이힐, 북유럽풍 노트북 가방 같은 것은 들어보지 못하지 않았나. 상상해보면 좀 이상하기도 하다. 사무실에서 북유럽풍의 의상이나 소품을 두르고 있으면 왠지 당장 회사를 때려치우고 북유럽으로 이민을 떠날 사람으로 보일런지도 모른다. 우리 회사의 경우 복장이 자유로운 편이긴 하지만, 자칫 그런 차림새를 하고 앉아 있다간 인터뷰하러 온 신인 가수나 자유로운 영혼의 예술가로 오인될 것이 분명하다.

북유럽풍은 그렇게 공식적이지 않은, 어딘지 모르게 현실과는 괴리된, 무언가 꿈꾸는 듯한, 동화 속에 나오는 분위기를 자아낸다. 다시 말해 북유럽풍이란 딱딱한 사무실에는 어울리지 않고 주로 생활의 영역에서 통용되는 편안한 스타일이라 말할 수 있다. 앞서 말했듯 가구나 인테리어, 아이의 옷이나 소품 따위에서 말이다.

때문에 북유럽풍의 유행은 이런 것들을 주로 소비하는 주체인 '엄마'들이 주도하고 있다. 나 역시 육아휴직을 하고 집에서 아이들과 씨름하는 주부의 삶을 살게 되면서 자연스레 북유럽풍의 세계에 입문하게 됐다. 아니, 그것은 불가피한 일이었다.

내가 구독하는 인테리어 관련 카카오스토리 채널에서는 열이면 아홉, 북유럽풍으로 치장한 집들이 소개된다. 워낙 유행이다 보니 집을 꾸미기 위해 커튼 하나, 쿠션 하나를 쇼핑할 때도 북유럽풍의 바다에서 헤맬 수밖에 없다. 북유럽 사람들이 한국의 가정집을 방문하면, 한국엔 살지도 않는 순록의 머리가 왜 그리 집집마다 걸려 있는지 신기해할지도 모르겠다.

또 아이 옷을 백화점에서 사자니 터무니없이 비싸 언젠가부터 인터넷으로 사기 시작했는데, 웬만한 유아동복 사이트는 죄다 '북유럽풍'이라는 광고 문구가 붙어 있었다. 선택의 여지가 별로 없기 때문이기도 했지만, 처음에는 좀 유별스러워 보이던 스타일들이 자꾸 보니 사랑스러워 보이기 시작했다. 유아용품에 북유럽풍 유행이 휩쓸자, 심지어 우리나라 고유의 풍습인 돌 잔칫상에도 북유럽풍 스타일이 등장했다. 아이의 이름을 새긴 100일 현수막에 콧수염 무늬는 왜 들어가는 것인지, 요즘도 가끔 의아할 때가 있다.

문득 사람들이 왜 이렇게 북유럽풍에 열광할까 궁금해졌다. 학창 시절에 배웠던 지리 수업 시간부터 반추해보자. 북유럽이란 유럽 북부 국가들을 가리키는 지명이다. 노르웨이, 스웨덴, 핀란드 등 스칸디나비아 제국이나 덴마크, 아이슬란드 등이 여기에 속한다. 거의 지구 반대편의 나라들이다.

그 먼 북유럽에 물론 가본 적은 없다. 언젠가 회사의 선배 여행 담당기자가 노르웨이를 다녀온 후 "맥주 한 잔이 우리나라 돈으로 1만 5000원"이라며 광분하던 이야기와 오후 5시쯤 되면 웬만한 상점들이 문을 닫는다는 이야기를 들은 뒤로 '한국 사람이 살 곳은 못 되겠군'이라고 생각해본 적은 있다. 맥주 원료값이라 해봤자 얼마나 비싸겠나. 그런 터무니없는 가격은 분명 세금 아니면 인건비 때문일 것이다. 하지만 이 말은 곧, 그곳이 생활 물가가 비싼 만큼 많이 벌고 세금도 많이 내는 나라라는 의미다. 실제로 노르웨이는 세금을 많이 내지만 그만큼 복지가 훌륭한 국가로 잘 알려져 있다.

또 손님 입장에서야 일찍 문 닫는 상점 주인이 야속하겠지만, 상점 주인 입장에서 생각해보면 인생이 꽤 행복할 것이다. 더 늦게까지 장사를 하고 싶어도 옆집도, 그 건너 옆집도, 온 동네가 모두 5시면 가게 문을 닫고 손님도 찾아오지 않으니 일찍 문을 닫지 않으면 바보 소리를 들을 게 뻔하다. 5시에 가게 문을 닫고 집에 돌아가면 집에서 정성스레 만든 저녁밥을 온 가족이 식탁에 둘러앉아 먹을 수 있다. 한국 땅에서는 구호만 남은 '저녁이 있는 삶'이 가능한 나라인 것이다. 한 푼이라도 더 벌려고 새벽까지 치킨을 튀기는 수많은 한국의 자영업자들을 생각해보면, 동시대에 같은 일을 하는 사람들의 삶이 이렇게나 다를 수 있을까 싶다.

2016년 연초부터 SBS 다큐멘터리 〈엄마의 전쟁〉이 화제였다. 다큐멘터리가 그린 대한민국 워킹맘에게 주어진 선택지는 딱 두 가지뿐이다. 일과 육아 모두를 망칠 것인가, 일을 포기할 것인가. 많은 시청자들이 여성에게 모든 책임을 떠넘긴다며 제작진의 시각이 협소하다고 비난했지만, 사실 그것은 너절한 현실이다. 일하는 엄마는 죄인, 일하지 않는 엄마는 한심한 사람이 되며 여성의 인생은 결국 허탈해지는 것이 이곳 한국사회의 구조다.

다큐멘터리가 소개한 북유럽 사회는 다르다. 아이를 키우는 여성은 정규직 지위를 갖고도 주2일, 주3일 정도만 일할 수 있는 시스템이 보편화되어 있다. 현지 여성들은 "주변에서 아이를 낳은 후 일을 완전히 그만뒀다는 여성을 보지 못했다"고 입을 모은다. 그곳으로 이주해 만족스러운 삶을 누리고 있다는 한국인 여성들은 "한국으로 돌아가는 것은 불가능한 일"이라고 잘라 말한다. 한국사회에서는 불가능한 일이 지구 반대편에서는 보편적인 상식으로 일상에 녹아 있으니, 부럽고 억울해 잠이 안 올 지경이다. 이런 장면들이 한국 사람이 북유럽풍에 열광하는 이유를 잘 설명해 준다.

실제로 북유럽 국가로 이민을 꿈꾸는 이들도 늘고 있다. 덴마크 등 북유럽 국가에 체류 중인 재외동포 인구는 2007년 2천여 명에서 2013년에 4천여 명으로 6년 만에 두 배나 증가했다. 덴마크 이민을 꿈꾸며 떠났던 내 친구는 그곳을 선택한 이유에 대해 "국민의 행복도와 정치 청렴도가 높고, 교육이나 복지 수준이 높아서"라고 설명했다.

반면 대한민국은 내가 내는 세금이 어디에 쓰이는지 의심스러울뿐더러, 대부분의 국민들이 국가와 정부를 믿지 못한다. 저녁이 있는 삶은커녕 주말조차 없이 바쁜 서글픈 삶들로 가득하다. 그런 우리가, 가족과 함께 저녁밥을 먹거나 남성이 육아휴직을 하는 일이 당연한 일상인 북유럽 사람들의 삶을 꿈꾸지 않는다면 오히려 이상한 일이 아닐까.

북유럽풍의 '풍風'이란 사실 짝퉁의 다른 표현이다. 명품 브랜드를 베낀 제품에 'st(style의 약자)'를 붙여 '샤넬st' '루이비통st'라고 소개하는 것처럼, 웃기지만 북유럽풍의 제품을 '북유럽st'라고 써놓은 곳도 있다. 샤넬이 되고 싶지만 되지 못한 짝퉁 샤넬st 클래식 퀼팅백처럼, 북유럽 스타일을 동경하지만 그들처럼 살 수는 없는 안쓰러운 처지의 '북유럽st 인생'들이 오늘날의 북유럽풍 유행을 몰고 온 것은 아닐까.

갑자기 우리집 거실에 새로 놓인 북유럽풍 쿠션이 서글퍼 보인다. 한국의 가정집마다 한두 개쯤은 놓여 있는 북유럽풍 소품들, 귀엽고 사랑스러운 아이들이 입고 다니는 북유럽풍의 예쁜 옷들도 마찬가지다. 북유럽풍 인테리어로 치장한 집에서 온 가족이 모여 함께 저녁을 먹는 일은 한 달 중 손에 꼽힐 정도로 드물고, 숲과 들에서 뛰어 놀아야 할 아이들은 옷만 '북유럽st'로 입은 채 이 학원 저

학원을 옮겨가며 뺑뺑이를 도는 게 우리의 현실이니까.

북유럽풍의 유행이 오래될수록 지켜보는 마음은 점점 더 공허해질 것 같다. 북유럽은 애초에 우리와는 다른 역사적, 철학적, 지정학적 자산을 가진 땅이다. 우리와는 너무나도 간극이 큰 사회를 동경하는 일은 결국 우리의 실제 삶을 더욱 허탈감에 휩싸이게 만든다. 아무리 세월이 지나도 우린 영원히 북유럽 사람들처럼 살 수 없을 것만 같아서. 명품을 살 수 없어 대신 조잡한 짝퉁이라도 끌어안고 있는 구질구질한 자신의 처지를 들여다보는 심정이랄까.

셋

육아빠 전성시대

2015년 말, 세상에서 가장 바쁜 아빠 중의 한 명인 페이스북의 CEO 마크 저커버그가 두 달간의 육아휴직을 선언했다. 딸이 태어난 후 그는 딸과 함께 보내는 행복한 일상을 지속적으로 공개했다. 그는 일하는 부모가 어린 신생아 자녀와 함께 보내는 시간이 얼마나 중요한지 잘 알고 있었고, 일과 가정의 양립이 가능하다는 사실을 몸소 보여주었다.

아빠의 육아에 대한 관심이 부쩍 커지고 있다. 이른바 '육아빠'의 시대다. 대표적으로 MBC 〈아빠! 어디가?〉, KBS 2TV 〈슈퍼맨이 돌아왔다〉 등의 예능 프로그램은 과거 권위적이었던 아버지의 모습 대신, 육아에 적극적으로 참여하는 아빠들을 그리고 있다. 요즘은 아이들과 함께 여행을 하고 요리를 하는 '친구 같은 아빠'가 대세다. 《파더링》의 저자 월 글래넌은 요즘 아버지들에 대해 이렇게 설명한다.

"새로 아버지가 된 많은 남자들은 서로 자녀 양육의 경험을 나누고, 어떻게든 더 충실히 그리고 깊이 있게 아이들의 삶에 도움이 되려고 한다. (…) 세상에서 가장 오래된 직업 중 하나인 아버지라는 직업을 완전히 뜯어고칠 전혀 새로운 아버지의 세대가 생겨나고 있다."

부모 양쪽 모두 자녀에게 미치는 영향은 막대하지만, 아버지의 경우는 특히 자녀의 사회성과 성취 능력에 영향을 미친다. 배 속에서부터 신체·정서적으로 자녀와 긴밀하게 얽혀 있는 어머니와 달리, 아버지는 아이가 처음으로 접하는 사회적 존재이기 때문이다. 아이는 아버지를 통해 타인과 관계 맺는 법을 배우고 사회를 경험하게 된다.

양육 방식에서도 어머니는 본능적으로 아이를 보호하기 위해 외부의 위험과 자극에 방어적인 태도를 취하지만, 아버지는 새로운 자극과 도전을 수용함으로써 아이가 보다 풍부한 경험을 갖도록 이

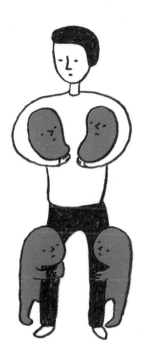

끈다. 아버지가 육아에 적극적으로 참여할수록 아이가 진취적인 태도를 갖고 균형 잡힌 사고를 하게 된다는 연구 결과도 많다.

　가정 내에서 아버지가 담당하는 역할도 중요하다. 2014년 미국 심리과학 학회지에는 아버지가 가사에 많이 참여할수록 딸의 장래희망이 다양해진다는 내용의 브리티시컬럼비아대학의 연구 논문이 실렸다. 가사에 적극적으로 임하는 아버지의 모습이 전통적인 성역할의 당위를 강요하지 않음으로써 자녀가 다양한 꿈과 장래희망을 갖도록 유도한다는 것이다.

하지만 한국의 아버지들에게는 이런 시대적 요구가 부담일 것이란 걱정이 먼저 든다. 우리가 부러워마지 않는 북유럽에서는 아빠들의 육아가 무척 자연스러운 일이다. 북유럽 국가의 남성 육아휴직률은 세계 최고 수준이다. 육아휴직에 세계 최초로 남성할당제를 실시한 노르웨이의 경우 남성 육아휴직률이 80퍼센트에 이르고, 스웨덴은 전체 육아휴직자 가운데 남성이 44퍼센트를 차지해 여성과 거의 비슷하다. 일찍 퇴근하고 밤늦게까지 회식할 일도 없으니 아빠들이 가정에 충실할 수밖에 없다. 아이들과 잘 놀아주고 육아에 적극적인 요즘 아빠들을 '스칸디 대디'라고도 부른다.

반면 한국은 2001년 남성 육아휴직 제도가 도입됐지만 2014년 통계에 따르면 전체 육아휴직자 가운데 남성 비율이 4.45퍼센트에 불과하다. 잦은 야근과 회식으로 육아는커녕 평일에 아이의 얼굴 한번 제대로 보고 잠들기도 어려운 것이 한국 아버지들의 현실이다. 그런데도 일과 육아를 모두 완벽하게 해내는 이상적인 아버지상을 설정하는 것은 한국의 아버지들에게 육아를 또다른 노동이자 스트레스로 만들어버리는 일이 아닌가 싶기도 하다.

이상과는 따로국밥인 현실 속에서 그래도 요즘 아빠들은 나름 타협점을 찾으려고 노력한다. 주중에 하지 못했던 '육아빠'로서의 책무를 주말에 몰아서 수행하고자 하는 것이다. 평소 TV 속 육아 예능 프로그램에서처럼 눈이 휘둥그레지는 특별한 경험을 아이에게 선사해야 한다는 압박감에 시달리는 탓도 있다.

하지만 시간적으로 여유가 없다 보니 아빠들은 자극의 강도가 높은 이벤트를 좇곤 한다. 아빠들은 아이 손을 잡고 각종 문화센터의 놀이 수업이나 체험 프로그램, 하다못해 키즈카페의 문이라도 두드리게 된다. 그러다 보면 아이들은 강렬하고 짜릿한 놀이에 중독되고, 쉬지 못하는 아빠는 누적된 피로 때문에 평소엔 평범한 일상을 함께 누리지 못하는 악순환이 이어진다.

사실, 진정한 아빠 육아는 일상 속에서 이루어지는 것이다. 집에서 요리를 하고 빨래를 하는 아빠의 모습에서 아이는 평범한 일상의 질서와 소중함을 깨닫는다. 우리 남편은 집에서 주로 빨래 담당인데, 세탁 건조기가 다 돌아가면 항상 아이에게 빨래 옮기는 일을 도와달라고 부탁한다. 그러면 아이는 세상에 그보다 중요한 일이 또 없다는 비장한 표정으로 달려가 "내가 도와줄게"라고 소리치며 빨래를 옮겨놓는다. 그때 아빠가 칭찬과 고마움을 표하고 나면 그 뿌듯한 표정이란. 아이는 부모의 일상에 참여함으로써 가족이란 구성원의 일원이 되었다는 만족감과 성취감을 느낀다.

놀이 역시 마찬가지다. 아이들은 사실 집이라는 익숙한 공간, 늘 갖고 놀던 평범한 장난감이나 일상생활 도구를 통해서도 충분히 신나게 놀 수 있는 엄청난 능력을 갖고 있다. 갑작스럽고 단발적이며 자극적인 이벤트 후에는 공허함도 함께 밀려온다. 오히려 아이와 충분한 시간을 갖지 못하는 우리 부모들이 아이의 적막하고 지루한 시간을 견디지 못하는 것이 아닐까.

'육아빠'에 대한 요구는 핵가족화의 결과물이다. 과거 대가족제에서 나뉘던 육아의 짐을 다른 가족과 나눌 수 없고 엄마 혼자 몰아서 지기도 어려우니, 결국 남는 건 아빠뿐이기 때문이다. 그러나 한국 노동시장의 현실은 육아빠는커녕 그냥 아빠의 역할조차도 쉬 용납하지 않는다. 남성 중심적인 한국의 조직 문화는 아빠는 일터에 가두고, 엄마는 일터에서 내몬다. 육아빠 전성시대의 어두운 그늘이다.

넷

처음 마주한
딸 앞에서

2015년 4월 21일, 둘째 아이를 낳았다. 천사같이 예쁜 딸아이다. 둘째 아이는 순탄하다는 말 그대로 출산 과정부터 돌이 다 되어가는 지금까지 모든 것이 순조롭게 느껴진다. 처음 태어나 작고 앙증맞은 입술로 엄마 젖을 찾아 힘차게 빠는 모습을 보면 이런 행복이 또 있을까 싶었다. 세상 모든 것에 감사하게 되는 요즘이다.

그런데 딸아이를 보며 바보 같은 미소를 머금는 남편은 가끔씩 한숨을 쉬곤 한다. 벌써부터 '딸 바보' 아빠의 면모를 발휘하는 것인지도 모르겠지만 "이 험한 세상에서 딸아이를 어떻게 키울까" 하는 걱정 때문이란다. 우스갯소리처럼 들으며 씩 웃곤 했는데, 불

현듯 나도 이게 그냥 웃어넘길 일은 아니라는 생각이 들었다.

운 좋게도, 지금까지의 나는 여자로서의 한계나 벽을 거의 느끼지 않고 살아왔다. 어머니 세대의 삶을 지켜보며 자라왔지만, 우리 세대의 여성은 그와는 다른 삶을 살 것이라 생각했었다. 나의 부모님은 사회가 규정하는 '여성성'을 강요하지 않는 분들이셨고, 이른바 '알파걸'로서 학창 시절을 보냈으며, 졸업 후 안정된 정규직 일자리를 가질 수 있었기 때문일 것이다.

하지만 결혼하고 아이를 낳은 후, 여성의 삶에 대한 생각이 많아졌다. 지금 나를 포함한 내 또래 여성의 삶이 우리 어머니 세대와 크게 다른 모습일까. 물론 조금씩 진일보한 면이 없진 않지만, 아직도 근본적인 문제들에 대해서는 여전히 물음표를 찍을 수밖에 없다. 딸아이를 갖게 된 지금은 더욱 그렇다. '여성'이라는 이름표를 갖고 살아갈 아이에 대한 걱정 때문일까.

2011년, 우리 신문사에서 주최한 '알파레이디 리더십 포럼'이라는 이름의 프로젝트를 담당했다. 이 프로젝트는 "'알파걸'들이 사회에 나와서는 왜 성공한 '알파레이디'가 되지 못하는가?"라는 질문에서 출발했다. 수많은 여학생들이 학교에서 반장을 도맡아 하고 사회 각 영역으로 활발히 진출하지만, 정작 사회에 진출한 이후에는 '리더'로 성장하기 어려운 것이 현실이다.

포럼의 관점은 여성의 사회 활동을 가로막는 복잡한 사회구조적 문제도 중요하지만 그 전에 여성 스스로의 자세와 태도를 점검해보자는 것이었다. 여성의 고위직 승진을 막는 장벽인 '유리천장'은 눈에 보이지 않는 무형의 것이므로 여성 스스로 자신을 유리천장 아래에 가두는 무형의 문제가 있는지, 있다면 무엇인지를 알아보고자 했다.

강연 형식으로 이뤄진 포럼에서 강사로 나선 명사들은 "여성성을 업무에 긍정적으로 발휘하라" "남성적 조직문화를 거부하지 말고 녹아들라" 등의 실용적인 조언을 했다. 특히 사회생활을 처음 시작하는 초년생들의 반응이 뜨거웠다. 나 역시 여성이라는 이유로 몰랐거나 소홀히 했던 점이 무엇인지 점검해볼 수 있었다.

그런데 아쉽고 안타까운 부분이 하나 있었다. 강연대에 올라선 여성들의 성공 뒤에는 출산, 육아 등으로 발생하는 갈등과 문제에 대한 해법은 없었기 때문이다. 그들이 안정적으로 사회생활을 하면서 일에서 성공하기 위해서는 (시)부모님이나 남편의 적극적인 조력과 희생이 필요했다. 그들 스스로도 타인의 도움이 없었다면 오늘날의 자신이 결코 존재하지 않았을 것이라고 단언했다.

물론 주로 40~50대였던 그들이 사회생활을 시작할 때와 지금은 환경이 많이 다르다. 당시엔 사회생활을 하는 여성의 수도 절대적으로 적었고, 출산 및 육아에 대한 제도적 뒷받침도 턱없이 부족했다. 과거의 그들은 남성의 세계에 편입되어 인정받기 위해 가정을 포기하거나 누군가에게 전적으로 위탁한 채 자신의 여성성을 억누른 채 남자처럼 일하는 '명예남성'으로 살아가야 했다. 그 시절 여자가 사회에서 살아남기란 지금보다 더욱 어려운 측면이 많았을 것이다.

하지만 그렇다고 지금 상황이 크게 나아진 것이라 보긴 힘들다. 어려움의 결이 달라졌다고 보는 편이 나을 것이다. 지금은 여성의 사회 진출이 활발해진 만큼 출산과 육아 등 가정사로 어려움을 겪는 여성의 수도 많다. 사회생활을 하는 여성이 늘었음에도 이를 지원하는 사회적 시스템은 그에 발맞추어 갖춰지지 못한 탓이다. 우리 세대가 40~50대가 되어 20~30대 후배들에게 성공 스토리를 풀어놓을 때가 되어도, 출산과 육아 문제에 대한 어려움은 단골 이슈가 될 것이라는 생각이 든다. 그때에도 "친정이나 시댁의 도움 없이는 성공 못한다" "아이들을 방목했는데 알아서 잘 커줘서 고마울 따름"이라는 이야기를 할 수밖에 없으리라 생각하니 한숨만

나온다.

여성으로 살아가는 것을 고단하게 만드는 또다른 이유 중에는 최근 들어 더욱 심화되고 있는 '여성 혐오' 현상도 있다. '된장녀' '김치녀' 등으로 대변되는 한국의 여성 혐오는 나아가 엄마들의 모성까지도 공격하는 '맘충'으로까지 확장되었다. 오늘날 남성들의 여성 혐오 현상은 경제적 불안과 무한 경쟁을 부추기는 신자유주의의 산물이라는 해석이 많다. 정글과도 같이 냉정한 경쟁 사회로 뛰어든 유능한 여성들은 남성들에게 그저 밥그릇을 빼앗는 적으로서 배척의 대상이 될 뿐이다. 열심히 노력해 성공하건 남성 중심적인 사회 체제에 순응하건, 이 사회에서는 여성이라는 이유만으로 일단 마이너가 된다는 사실을 받아들여야 한다.

때론 여성이 여성 스스로에게 올가미를 씌우기도 한다. 가뜩이나 여자로 살기 힘든데 점입가경이다. 《여자의 적은 여자다》의 저자인 필리스 체슬러는 남성 중심적이고 가부장적인 사회에서 남성으로부터 배제되지 않기 위해 여성 스스로 여성을 공격한다고 분석했다. 여성이 자신의 권리를 확장하기 위해 남성과 대립하는 것처럼 보이지만, 사실상 여성들 내부의 갈등과 쟁투가 더 치열한 경우가 많다.

적절한 여성의 성역할을 찾기도 어렵다. 옛날 선배 세대들처럼 억지스런 명예남성의 모습으로 살기를 원하는 여성들은 없을 것이다. 하지만 "여성스럽지 못하다"거나 "너무 여성적이다"라는 사회적 시선에 갇힐까봐 공포를 느끼는 것도 사실이다. 페이스북의 최고운영책임자인 셰릴 샌드버그는 저서 《린 인Lean In》에서 "여성은 사회가 만들어놓은 외부의 장애물뿐만 아니라 내면에 자리한 장애물에 걸려서도 넘어진다"고 지적한다. 많은 여성들이 남성에 비해 자신감이 부족하고, 기회를 잡기 위해 적극적이지도 못하며, 원하는 것을 강하게 요구하지도 못한다.

좀더 범위를 확장해보면 여성의 삶은 고통 그 자체다. 지구상의 수많은 여성 가운데, 고등 교육을 받고 대학에 진학해 좋은 일자리를 구하는 경우는 극히 제한적이다. 지금도 세계의 수많은 여성들이 충분한 교육을 받지 못하고, 저임금 비정규직 일자리로 인해 불투명한 미래를 고민하고 있다. 일부 여성 권익 문제가 진작되었다고 하지만 가부장적인 가정 문화, 여성 피해자가 대다수인 성폭력 사건들, 성매매 및 성 상품화 문제 등은 여전하다. 아랍권이나 아프리카의 국가에서는 조혼, 인신매매, 성 착취 등으로 고통을 받으며 인간다운 삶을 꿈꾸는 것조차도 사치인 여성들도 많다.

꼬리를 무는 생각들을 접고 품에 안겨 있는 딸아이를 보자 걱정스러운 마음이 피어오른다. 성별을 떠나 열심히 살라고 격려해줬다가, 어느 날 여성이라는 이름의 벽에 맞닥뜨리게 될 때 느낄 당혹감과 배신감에 대해 뭐라고 설명해주어야 할까? 여자이기 때문에 너무 열심히 사는 것이 오히려 자신의 행복을 갉아먹는 결과로 이어지기도 한다는, 말도 안 되는 세상의 셈법을 알려줘야 하는 순간이 오면 어떻게 해야 할까? 아니, 엄마는 그런 순간을 맞닥뜨렸을 때 어떻게 극복하고 일어섰는지를 물어오면 무어라 답해야 할까?

아마도 내가 할 수 있는 답은 "네가 더 나은 세상에서 살 수 있도록 내 자리에서 노력했다"는 말뿐일 거다. 그리고 이 말이 최선의 답이 되게 만들려면 내 딸이 언젠가 엄마가 되어 자식을 키우며 살아갈 때쯤, 이 책에서 한 이야기들이 정말 생소하고 구닥다리인 이야기라고 느낄 수 있도록 실제로 작은 변화와 진보의 흔적들을 남겨야 할 것이다.

다섯

사표를
쓰다

이 이야기를 이 책의 어디에 어떻게 써야 할지 고민스러웠다. 마치 이 땅에서 일하는 엄마로 살아가는 고난스러움의 끝이 결국 일을 그만두는 것이라고 역설하는 것처럼 여겨질까 조심스러웠기 때문이다. 그렇다. 나는 결국, 육아를 이유로 회사에 사표를 냈다.

수많은 여성들이 결혼을 하고 아이를 낳아 키우는 인생의 문턱에서 저울질을 한다. 아이를 낳기 훨씬 전부터 거의 모든 것을 바쳐온 자신의 일, 그리고 비록 인생에는 가장 최근에 등장했지만 그 중요도가 이전 무엇보다 역대급으로 높은 자신의 아이, 그 둘을 놓고 말이다. 그 저울질은 일을 그만두지 않는 한, 아이가 성인이 되기 전까지(보통 대학에 가기 전까지) 무한 반복되곤 한다.

엄마들에게는 아이 때문에 일을 그만둘 생각을 하게 되는 고비가 여럿 있다고 한다. 아예 결혼과 출산을 기점으로 고민하는 사람도 있고, 아이를 본격적으로 키우는 시점에 결단을 내리는 경우도 있으며, 아이가 초등학교에 입학하거나 입시 문제로 중요한 시기를 맞이할 때에도 많이 그만둔다고들 한다. 그러고 보면 나는 비교적 빠른 시간 안에 저울질을 끝낸 편이다. 두 아이의 나이가 이제 네 살, 두 살. 엄마 손이 가장 많이 가는 시기다.

물론 그런 결정을 내리기까지, 내 머릿속은 그 어떤 때보다도 복잡했고 내내 마음이 심란했다. 따지고 보면 지난 인생의 대부분은 기자가 되기 위한, 그리고 기자로서 일해온 시간들이었다. 2005년 11월, 나는 학창 시절부터 품어왔던 기자의 꿈을 재수 끝에 이뤘다. 중학생 때부터 어렴풋이 꿈꾸던 기자가 되고 싶어서 신문방송학과에 진학했고 스물다섯 나이에 기자 생활을 시작했으니, 기자란 직업은 얼추 10년 넘도록 그려왔던 나의 삶 그 자체였다. 사표를 쓴다는 것은 지난 내 인생을 깡그리 밀봉해 과거의 저편으로 밀어 넣어두는 일과도 같았다.

나의 20대는 경찰서와 각종 사건 현장, 여의도 국회와 대선·총

선 등 선거운동지에서의 기억으로 모두 채워져 있다. 바쁘고 뜨거운 시간들이었다. 하지만 그런 시간은 오래가지 못했다. 30대가 되어 결혼을 하고 아이를 낳자, 이전처럼 현장을 누비는 기자로서의 생활을 이어가는 건 불가능했다. 퇴근이 일정치 않고 갑작스런 야근이나 호출이 잦은 스트레이트 뉴스 부서는 육아와는 상극이었다. 양가 도움 없이 아이를 키워야 하는 나에게 기자 생활을 계속하는 건 막막한 일이었다.

육아휴직이 반 년 정도 남은 시점부터 남편과 싸우는 일이 잦아졌다. 나는 이런 여건 속에서도 일을 계속 하고 싶은 마음이 컸고, 남편은 우리의 현실을 따져보면 내가 일을 관두는 것이 가장 합리적인 판단이라고 주장했다. 물론 나도 알고 있었다. 남편이 무엇을 이야기하는 것인지 말이다. 여자도 자기 일을 가져야 하고, 일하는 엄마의 모습이 훗날 자녀들에게도 좋은 롤모델이 된다는 '아름다운' 이야기를 너무도 잘 알고 있지만, 그것이 현실과는 얼마나 다른 동화 같은 이야기인지를.

나의 현실은 냉정했다. 내가 일을 하게 되면 모든 것이 엉망진창이면서 어느 것 하나 완전하지 못해 어정쩡한 일상들을 견뎌야 할 것이 뻔했다. 아무리 야무지게 잘해보겠다고 해도 정신없이 바빠 무언가 놓치기 십상일 아침 출근 시간, 빈틈없이 채워보려 해도 어딘가 비어 있을 아이들의 먹을거리, 아이들과 함께 풍부하게 보내지 못해 늘 미안해야 하는 시간들, 일분 일초라도 늦는 것이 두려운 퇴근 시간, 때로는 엄마의 얼굴도 보지 못하고 잠들어야 하는 아이들에게 갖는 미안함…. 나는 과연 그런 것들을 견디면서 나를 잘 설득할 수 있을지 두려웠고 자신도 없었다.

뿐만 아니라 회사 생활 역시 자신이 없었다. 대한민국의 조직이란 구성원들의 '전력 질주'를 당연한 일로 생각하는 곳이다. 하지만 육아를 완전히 대신 전담해주는 사람이 있지 않고서야, 엄마들은 조직의 기대에 부응할 수 없다. 때문에 조직에는 아이 키우는 엄마라는 이유로 열외가 되거나 배려 받는 일을 고까운 시선으로 바라보는 분위기가 존재한다. 물론 어느 누가 면전에서 "아이 키운다고 유세냐" 하고 욕할 일이야 있겠냐마는, 나 스스로도 전력 질주하는 우등생들에게 '묻어가는' 월급 도둑으로 전락하고 싶지 않은 마음도 컸다.

베이비시터를 고용할 때 드는 비용의 문제도 무시할 수 없었다. 베이비시터 월급을 주고 내 용돈을 조금 쓰고 나면, 슬프게도 내가 하는 일의 경제적 가치는 별로 없다는 계산이 나왔다. 경제적 여건을 고려해 부부 중 누군가가 일을 그만둬야 한다면, 주로 임금이 낮은 여성인 경우가 대다수일 것이다. 우리 부부 역시 그 대다수의 경우에 속했다.

이런저런 이유로 퇴사를 결심하고 나서도, 나는 '아이들 뒤치다 꺼리만 하다 내 인생이 사라지는 것은 아닐까?'라는 두려움을 지울 수 없었다. 회사를 관둔다는 소식에 십여 년 정도 차이가 나는 친한 여자 선배는 이렇게 이야기했다.

"너무 아깝다. 고은아. 너 일하면서 공부도 하고 책도 쓰고, 누구보다 열심히 해왔잖아. 아이는 엄마만 키우니? 남편이랑 친정 엄마, 시어머니 다 동원해서라도 버텨. 네 인생도 있잖아. 아이들 금방 자란다. 그러다 금방 '집순이' 되는 거야. 아이들도 초등학교만 가봐. 그냥 엄마보다 자기 일 하는 엄마를 훨씬 자랑스러워한다고. 그러니 어떻게든 버텨야 해."

선배의 이야기는 미래에 대한 걱정으로 가득 찬 내 가슴을 '쿵' 하고 두드리는 생생한 조언이었다. 선배는 그렇게 힘든 시간을 버텨내고 있는 산증인이었다. 하긴 사표를 쓰기로 결심했을 뿐인데도 첫째 아이 어린이집 친구의 엄마들과 만난 자리에서, 모두들 자기 일을 갖고 있다는 이야기를 듣고선 괜히 움츠러든 경험도 있다.

나도 사실 '무능한 동네 아줌마'로 전락(!)해가는 나 자신의 모습을 마주할 자신이 없었다.

그런데 조금, 아니 많이 억울한 생각이 들었다. 엄마들을 그렇게 궁지에 몰아넣고 "버틸래? 낙오될래?" 양자택일을 강요하는 무자비함에 대해서 말이다. 왜 우리 사회는 두 가지 방법 외에는 선택지가 없는 것일까. 엄마가 일을 계속 하면서 건강한 사회 구성원으로서의 역할도 하고, 아이도 내 손으로 따뜻이 충분히 보살필 수 있는 사회는 왜 불가능한 것일까.

한국사회는 그런 인간적인 욕구를 전혀 충족시켜주지 못한다. 말도 못하는 아이를 남의 손에 맡긴 채, 내내 불안한 마음으로 종종거리며 출퇴근하는 일상을 당연하다고 여기는 이 사회. 경력단절을 우려해 엄마들에게는 "무조건 버티라"고 조언해야만 하는 이 사회. 어린이는 어린이집이 키우고, 엄마 아빠는 늦도록 일터에 머무느라 따뜻해야 할 집은 하루 종일 냉랭히 비어 있는 것이 일상인 이 사회. 과연 이 사회는 정상일까? 나는 왜 하필이면 이런 사회에서 살고 있나?

고졸 출신의 여성 임원으로 유명한 양향자 전 삼성전자 상무는 더불어민주당에 입당하며 이렇게 이야기했다. "나처럼 노력하면 된다고 말하고 싶지 않다." 그의 이 한 마디는 두고두고 내 기억에 남았다. 사실 그의 눈물겨운 이력은 요즘 트렌드와는 맞지 않다. 학벌, 여성, 출신의 벽을 뛰어넘기 위해 갖은 고생과 노력을 하며 이겨내온 삶, 요즘 시대에 그런 성공 신화는 소구력이 없다. 성공을 위해 삶이 피폐해질 정도로 '노오력'하라는 말은 차라리 코미디에 가깝다.

나 역시 아이를 키우면서 아등바등하고 싶지 않았다. 첫째 아이 때도 워킹맘으로 살아봤지만, 몸이 부서져라 바쁘고 정신없는 일상이 끝없이 이어질 것임이 불 보듯 뻔했다. 무조건 버티고 견뎌서 결국 남는 것은 무엇일까. 지금도 여전히 전쟁 같은 일상을 살아내고 있는 선배들의 삶을 지켜보며, 나는 한 번도 '저렇게 살고 싶다' '닮고 싶다'는 생각을 해본 적이 없다. 오히려 항상 '좀 다르게 살 수 있는 방법은 없을까'라는 고민을 해왔던 것 같다.

사표를 쓰기 전, 회사의 인사권자에게 장문의 이메일을 썼다. 요지는 이런 것이었다.

"앞으로 더 많은 여기자들이 입사해 활약을 할 것이다. 그들도 나처럼 결혼하고 아이도 낳을 것이다. 하지만 육아의 벽 앞에서 나처럼 아쉬운 선택을 해야 하는 경우도 있을 것이다. 조직이 유연한 태도를 가지고 그들이 일을 지속하게 할 제도적 방안을 적극 마련해야 한다. 그것이 조직도 살고 여기자들도 살리는 길이다."

다행히 답변은 긍정적인 방향이었다. 하지만 실제로 언제쯤, 얼마나 조직이 바뀌느냐가 관건이다. 한국사회는 언제쯤 여성들이 일과 가정 사이를 갈팡질팡하지 않고 안정적으로 일을 하고 가정도 돌보는 균형을 맛볼 수 있을까. 이 가부장적인 사회에서 내가 너무 이상적인 것을 꿈꾸나.

의외로, 사표를 제출하고 오는 마음은 가벼웠다. 내 인생이 끝나는 것처럼 안타까워하던 선배들과 달리, 비슷한 입장에 놓인 동료·후배 여기자들은 "새로운 인생을 응원한다" "또다른 선택을 축하한다"며 내 어깨를 두드려줬다. 이 문제에 대한 세대 간의 인식차가 크다는 것도 느껴졌다.

예전엔 아이 때문에 일을 그만두는 많은 선배들이 차후에 경력을 살린 질 좋은 일자리를 구하거나 다시 사회적인 성공을 거두는 것이 쉽지 않았다. 그래서 마치 그 결정이 사회적 낙오와 실패인 것처럼 여겨졌다. 물론 지금도 그런 현실은 크게 다르지 않다. 다만 한 가지 달라진 것이 있다면, 성공적인 인생에 대한 사람들의 가치관과 기준이 조금씩 변화하고 있다는 것일 테다.

나의 선택에 따른 미래가 두렵지 않은 것은 아니다. 그러나 나는 좀더 숨을 고르고 긴 호흡으로 인생을 생각하기로 했다. 앞으로의 인생에서 주어질 무수한 선택들 가운데 겨우 한 가지를 했을 뿐이며, 지금 현재의 내 현실 속에서 최선의 선택을 한 것이라고 말이다. 사실 남편이 "조직의 틀 안에서 자신을 규정하는 삶으로부터 자유로워지라"고 말해준 것이 결정적인 용기를 줬다. 나는 그동안 늘 어딘가에 속해 있거나 눈 뜨면 출근도장을 찍어야 하는, '학교-직장'으로 이어지는 '모범생' 인생을 살아왔다. 이제 그로부터 벗어나는 것일 뿐이라고 스스로를 설득하고 나자, 오히려 앞으로의 인생에 대한 의욕이 더 커졌다.

나는 이제 두 아이의 엄마로서, 한때 기자 생활을 했던 '경단녀(경력단절여성)'로서 새로운 삶을 이어간다. 정해진 것도 없고, 보장된 길도 없다. 일단 아이들을 돌보는 일을 최우선으로 하겠지만, 그사이 새로운 인생에 대한 재설계도 멈추지 않을 것이다. 꿈꾸는 일은 언제나 즐거운 일인 것 같다. 앞으로 그려갈 나의 새로운 인생에 파이팅을 외친다. 인생은 지금도 계속된다.

맺으며

엄마가 행복하면, 모두가 행복하다

~~~~~~~~

소중한 아이들에게 엄마 노릇을 하기 시작하면서, 여러 가지 고민과 갈등이 많아졌다. 아이들에게 풍요로운 경험을 선사하고 멋진 꿈을 꾸도록 이끌어주고 싶은 것이 모든 부모들의 마음일 것이다. 하지만 내 바람들을 현실화하기에 우리가 살고 있는 사회는 무언가 부족하고 불만족스러운 것들로 가득했다. 엄마로서의 내 삶은 한국사회가 얼마나 많은 문제들을 품고 있는지를 확인하는 과정이었다고 보아도 될 것이다. 나는 아이들이 살아갈 미래를 그려보면서 자연스레 이 사회의 구조와 생태, 부조리와 모순을 느끼고 고민하게 됐다. 엄마의 삶은 세상 모든 것들과의 연결고리 속에서 존재하기 때문이다.

사실 엄마들의 삶이 피폐해지면 아이들의 삶 역시 불행에 가까워질 것이다. 엄마의 삶은 단순히 엄마인 여성 자신뿐만 아니라 함께 살아가고 있는 남성과 아이 등 다른 이들의 삶과도 밀접하게 이어진다. 결국 엄마의 삶의 질이 높은 사회는 모든 다른 사람의 삶도 행복하게 만들 것이라고 생각한다.

책의 어떤 이야기는 심각하지만, 어떤 이야기는 우스꽝스럽거나 허무하다. 엄마, 아니 '아줌마'의 삶이 그런 것이기 때문이다. 사실 나도 내 인생이 이런 모습이 될 것이라는 생각을 한 번도 해본 적이 없어서인지, 엄마로서 맞닥뜨리는 모든 일들이 새롭게 느껴졌다. 그러다 이런 일상 속에 무언가 숨은 의미가 있을 것이라 생각하면서 이런저런 이야기들을 남기게 됐다.

사실 엄마로서 겪는 각종 이슈에 대해서는 책을 집필하기 이전부터 기록할 필요성을 느꼈다. 2014년부터 한국양성평등교육진흥원의 양성평등 미디어에 글을 기고해왔는데, 그 글 중 상당수가 이 책에 많이 쓰이기도 했다. 일상의 대부분이 육아로 뒤덮여 있는지라, 개인 SNS에 기록해왔던 육아의 경험과 고민거리들도 책에 거의 모두 사용했다.

동시대를 사는 수많은 다른 엄마들이 보기에 공감하지 못하거나 사실과 다르다고 생각되는 이야기도 있을 것이다. 각자 다르게 살아가는 엄마들의 삶을 일반화할 수 없기에 조심스러웠고, 책의 이야기들은 100퍼센트 내 개인적인 시선에서 다루어졌음을 감안해주면 좋겠다. 그러나 이 책이 엄마들뿐만 아니라 아빠들, 앞으로 엄마 아빠가 될 모든 여성과 남성들에게 작은 참고사항 정도는 되기를 기대한다.

글은 두 아이가 잠든 밤 시간에 주로 썼다. 자다 깨서 우는 아이에게 뛰어가 젖을 먹이고 돌아와 끊긴 맥락을 다듬느라 머리가 지끈지끈했던 기억들이 떠오른다. 그렇게 어수선하게, 정해진 짧은 시간 안에 마무리하다 보니 부족하고 아쉬운 부분도 많다.

두 아이를 키우며 든 각종 고민과 감정들을 한 권의 책으로 담을 수 있게 해준 출판사와 집필을 마무리할 수 있게 협조(?)해준 두 아이, 유준과 유하에게 가장 큰 감사의 마음을 전한다. 또 이 책의 최초 독자이자 내 인생의 신랄한 비평가이면서 멘토인 남편에게도 고마움을 표현한다. 나의 육아 생활에 서포터가 되어준 시어머님과 동생 보혜·용석, 육아 동지로서 분투 중인 친구들과 우리 동네 또래 엄마들에게도 고맙다고 말하고 싶다. 마지막으로 엄마인 나를 있게 해준 사람, 나의 엄마 정영희 여사에게 존경과 사랑을 표하고 싶다.

2016년 9월

이고은

요즘 엄마들

1판 1쇄 펴냄 2016년 10월 4일
1판 2쇄 펴냄 2017년 4월 11일

지은이 이고은
그린이 백두리
펴낸이 정혜인 안지미
책임편집 성기승
디자인 한승연
제작처 공간

펴낸곳 알마 출판사
출판등록 2006년 6월 22일 제406-2006-000044호
주소 우. 03990 서울시 마포구 연남로 1길 8. 4~5층
전화 02.324.3800 판매 02.324.2845 편집
전송 02.324.1144

전자우편 alma@almabook.com
페이스북 /almabooks
트위터 @alma_books
인스타그램 @alma_books

ISBN 979-11-5992-028-8 03300

이 도서의 국립중앙도서관 출판시도서목록CIP은 서지정보유통지원시스템 홈페이지
http://seoji.nl.go.kr와 국가자료공동목록시스템 http://www.nl.go.kr/kolisnet에서
이용하실 수 있습니다. CIP제어번호: 2016022295

알마는 아이쿱생협과 더불어 협동조합의 가치를 실천하는 출판사입니다.

종이 표지_비비칼라 연미색 185g/㎡ 본문_그린라이트 80g/㎡